창업경영의 이해

김성언

비앤엠북스

머리말

하루에도 수많은 사람들이 창업 전선에 나서고 있다. 그들은 창업자들 중 80~90%가 1년 안에 폐업하고 있다는 통계치를 인지하고 있음에도 불구하고 이 어려운 길을 가고자 선택하고 있다. 실패할 가능성이 높은 것을 알면서도 창업의 길을 택하는 이유는 그것밖에 달리 생활을 영위하기 위한 뾰족한 수단이 없기 때문이다.

예전에 비해 어려워진 취업 전선은 많은 사람들을 창업시장으로 내몰고 있다. 그러나 그들이 창업에 대해서 알고 있는 지식은 많지 않은 것이 사실이다. 어디서부터 시작해야 하고, 어디에서 정보를 얻을 수 있으며 또한 누구에게 자문을 구할 수 있는가 등의 기초적인 문제에서부터 예비 창업자들은 그 답을 구할 수 있는 방법을 잘 모르는 경우가 많다. 사람들이 창업을 하는 동기는 경제적 어려움, 불안한 직장 생활, 자아실현의 꿈 등 여러 가지가 있을 수 있으나, 이 동기의 근본에는 남보다 좀 더 나은 수입을 얻고 싶다는 마음이 깔려 있다. 이러한 관점에서 볼 때 경영에 관한 이론을 창업의 배경으로 생각하지 않을 수 없다. 그러나 창업이 소규모 사업 경영임을 생각하면 기업 경영과 달리 좀 더 개인적 제약을 고려한 경영 방법을 궁리하여 찾아내야 한다고 본다.

창업에 관련된 많은 서적들이 너무 기업 운영과 관련된 내용으로 채워져 있기 때문에 이를 접하는 예비 창업자나 학생들이 실질적 도움을 얻기에 많은 어려움이 있는 것 같다. 이러한 상황을 고려하여 본서에서는 창업에 관한 기본적인 배경을 설명하고 창업에 대한 절차를 확립하여 예비 창업자들이 체계적으로 창업 절차를 밟을 수 있도록 하였다. 물론, 창업을 하는 데 있어서 모든 업무 처리 절차에 꼭 정해진 순서가 있는 것이 아닐 뿐 아니라 어떤 절차는 병행해서 처리되거나 순서가 뒤바뀔 수도 있다. 그러나 기본적으로 정해진 절차를 제시해 준다면 이 절차에 맞추어 일을 진행하는 것이 훨씬 수월한 것이 사실이기 때문에 본서에서 제시하는 창업 절차가 도움이 될 수 있기를 바라는 마음이다.

본서를 집필하면서 아쉬웠던 점은 창업의 업종 분야가 너무 많기 때문에 이들 업종에 대하여 일일이 내용을 정리하지 못하고 일반화하여 제시할 수밖에 없었다는 것이다. 이는 저자의 능력 부족에 기인한 것으로서 독자 여러분의 양해를 부탁드린다.

본서의 구성은 크게 4부로 나누어져 있다. 제1부는 창업 준비 점검으로, 창업 환경과 시장 실태에 관한 내용과 창업에 필요한 요인들을 다루고 있다. 제2부는 창업 절차로, 창업을 수행하는 기본 절차에 대하여 다루고 있다. 제3부는 창업 실태 예시 및 분석으로 창업에 대한 가상적 사례를 보여 주고 학생들이 이를 이용하여 창업 프로젝트를 수행하도록 유도하고 있다. 제4부는 창업 후 운영 단계로, 창업자가 창업을 한 후 사업 운영에 필요한 내용을 다루고 있다.

본서가 출판될 수 있도록 수고하여 주신 비앤엠북스 관계자 여러분께 심심한 감사를 드린다.

2013년 12월

김성언

차례

제1부

창업 준비 점검

제 1 장

창업 환경의 이해

1-1 창업 현황

국내 창업의 붐은 나라가 IMF 구제금융을 받으면서 시작되었다. 물론 그 이전에도 수많은 자영업자들이 사업을 영위해 오고 있었지만 IMF 사태가 터진 이후 많은 기업들이 문을 닫게 되고 이에 따라 수많은 사람들이 직장을 잃게 되면서 새로운 삶의 터전을 일구고자 하는 노력으로 자영업이라는 창업의 문턱을 넘게 되었다. 많은 사람들이 갑자기 찾아온 실직으로 전혀 준비 없이 창업을 시작하여 어려움을 겪었고 심한 경우에는 퇴직하면서 챙겨 두었던 소규모 자금마저 잃기도 하였다.

우리가 조그만 일을 새로이 하고자 하더라도 이를 성공적으로 마무리하기 위해서는 사전에 빈틈없이 준비를 하여야 한다. 그나마 준비를 철저히 하였더라도 일을 진행하는 과정에 뜻하지 않았던 문제가 생기기 마련이어서 우리가 행하는 모든 일에는 성공과 실패가 항상 함께 따라붙는다고 할 수 있다. 그런데 소규모 창업자에게 있어서 창업의 성공과 실패는 인생 역전과 나락으로의 갈림길과 같기 때문에 더욱더 중요한 문제가 된다.

IMF 구제금융 이후 일변한 기업 문화는 그때까지의 직장인이라면 가지고 있을 법한 '평생직장'의 통념을 깨뜨렸다. 한 번 들어간 직장에서 퇴직할 때까지 평생을 종사한다는 그런 통념 대신 사십오 세가 정년이라는 '사오정'이라는 신조어까지도 생겨났다. 때맞추어 창업 성공자에 대한 이야기가 대중매체를 통해 전해졌고, 미래가 불안해진 직장인들은 점점 더 창업이라는 단어에 매료되었다. 이와 같은 현상은 예비 직장인들인 대학생들에게도 영향을 미치게 되어 이제는 취업에 대한 다양한 방향 제시라는 명목하에 대학에서는 창업 관련 과목들을 개설하거나 창업 관련 학과들도 생겨나고 있는 추세이다.

창업은 크게 개인 창업과 기업 창업으로 분류할 수 있다. 그러나 일반적으로 창업을 논할 때는 가장 많은 창업자가 연루된 자영업 창업인 개인 창업을 대상으

표 1-1 생활과 밀접한 30개 업종의 시도별 · 업종별 자영업 현황

업종 \ 시도	강원	경기	경남	경북	광주	대구	대전	부산	서울	울산	인천	전남	전북	제주	충남	충북	합계	
과일가게	252	1,158	563	690	211	232	181	403	961	141	292	459	312	460	409	312	7,036	0.56
인터넷PC방	432	2,790	764	686	546	668	331	1,132	3,353	375	769	533	614	270	501	448	14,212	1.13
가구점	297	1,678	537	402	195	360	226	540	1,118	169	297	231	373	108	262	310	7,103	0.56
꽃가게	584	4,445	1,166	1,063	629	901	615	998	3,786	390	847	745	772	232	750	584	18,507	1.47
노래방	937	7,478	2,121	1,910	1,242	5,259	1,260	2,453	6,543	1,018	2,352	985	926	326	1,322	1,106	34,238	2.27
목욕탕	200	886	845	474	212	378	137	1,044	1,016	229	251	283	247	121	220	161	6,704	0.53
문구점	599	3,262	926	769	516	560	539	796	2,726	335	724	588	626	174	635	494	14,269	1.13
미용실	2,573	14,558	4,175	3,740	1,766	2,812	2,185	5,781	13,746	1,687	3,426	2,197	2,330	900	2,830	2,053	66,681	6.09
부동산중개업	1,494	24,012	3,628	1,990	1,373	2,460	2,237	3,386	22,821	1,066	5,279	839	1,600	457	2,746	1,652	76,681	6.09
서점	244	1,799	519	473	327	678	393	691	1,896	223	400	270	361	96	322	294	8,986	0.71
세탁업	931	4,059	1031	1,036	858	649	893	1,403	4,755	291	999	684	778	526	1,113	816	20,822	1.65
수퍼마켓	545	6,920	1,500	1,374	588	1,723	660	1,837	3,935	817	1,706	562	457	270	669	517	24,170	1.92
식육점	1,040	4,669	1,216	1,398	413	1,250	671	1308	3227	498	998	886	1089	283	1277	832	21,055	1.67
식품종합소매	4,394	12,272	5,075	4,717	1,927	2,391	1,818	4,002	9,389	930	3,488	5,004	4,389	943	5,048	3,013	68,800	5.46
인테리어	266	5,793	799	434	549	845	736	1,158	,6104	306	1,252	296	71	211	487	445	19,752	1.57
안경점	199	1,391	422	387	285	435	281	524	1,778	177	301	233	299	81	282	233	8,317	0.58
여관업	1,998	3,694	2,583	1,962	660	975	742	1,881	2,825	653	1,051	1,354	1,074	465	1,980	899	24,796	1.97
예체능학원	1,734	11,429	3,740	2,392	1,701	2,066	1,760	3,060	7,696	1,329	2,313	1,571	2,026	747	1,934	1,582	47,080	3.74
의류점	3,173	16,537	5,390	4,312	2,682	4,981	2,735	6,530	18,013	1,684	4,022	2,838	3,322	1,285	3,246	3,007	83,757	6.65
음식점	21,263	90,690	35,061	30,686	10,090	23,140	14,039	29,109	76,336	11,762	19,962	17,369	15,554	6,802	21,200	16,160	439,223	34.9
이발소	672	2,427	876	904	366	683	501	1,300	3,004	396	470	660	536	221	674	469	14,199	1.13
입시 · 보습학원	1,35	10,858	3,310	2,197	2,108	2,035	1,247	2,497	8,320	1,542	1,865	1,527	2,000	511	1,526	1,455	44,333	5.32
자동차수리	1,612	8,119	2,350	2,526	1,247	1,815	1,129	1,800	4,751	854	1,740	1,657	1,771	423	1,931	1,469	35,195	2.8
통신기기판매	327	2,483	842	613	256	682	431	907	2,197	347	789	225	485	99	455	373	11,511	0.91
제과점	368	2,361	768	625	325	600	349	775	2,337	261	519	372	397	200	443	322	11,022	0.88
철물점	513	1,994	603	532	327	358	352	863	1,816	224	610	492	441	111	538	395	10,169	0.81
체인화음식점	935	2,895	1,192	849	552	491	502	879	2,558	270	582	663	654	207	884	616	14,729	1.17
편의점	574	3,184	1,186	724	463	523	384	1,004	3,048	349	637	505	479	354	658	524	14,596	1.16
호프집	2,447	13,375	2,738	2,069	3,323	1,087	1,291	3,240	17,963	387	4,874	3,535	2,106	802	2,888	2,772	64,897	5.15
화장품	799	5,838	1,707	1,232	888	1,505	959	2,069	6,255	736	1,252	779	1,013	559	883	707	27,181	2.16
합계	52,738	273,054	82,273	73,166	36,625	59,542	39,584	83,380	244,313	29,446	64,067	48,433	47,102	18,244	58,113	44,020	1,2591,00	
%	4.19	21.69	6.93	5.81	2.91	4.73	3.14	6.62	19.40	2.34	5.09	3.85	3.74	1.45	4.62	3.50		

자료: 국세청

로 한다. 국내의 개인 창업 현황에 대해서 많은 사람들이 알고자 하였으나 이에 대한 자료를 얻기가 쉽지 않았다. 국세청은 2008년 말 기준으로 생활과 밀접한 30개 업종의 자영업 현황에 대한 통계를 발표하여 이러한 궁금증에 대한 답변을 주고 있다(표 1-1 참조).

국세청 통계에 의하면 2009년 전국의 자영사업자수는 4,874,000명으로 경제활동인구인 24,063,000명 대비 약 20.2%를 차지하고 있으며, 이 중 30개 생활밀접 업종의 자영업자수는 1,259,000명으로 전체 자영사업자의 25.8%로 나타났다. 연령대별 창업 현황을 보면 20,30대는 의류점, 미용실, PC방 등을, 40대는 음식점이나 부동산중개업 등을, 50대는 여관이나 이발소 등이 많다. 또한, 2009년의 창업자 925,000명의 약 26.2%인 242,000명은 퇴직한 지 1~2년 된 사람들인데 이들 중 24.0%인 58,000명은 음식점·의류점·호프집 등 30개 생활밀접 업종에 창업한 것으로 나타났다.

국세청 통계로 나타난 30개 생활밀접 자영업자들의 지역별 분포를 보면 경기도가 273,054명으로 전체의 21.69%이고 이어 서울이 244,313명으로 전체의 19.40%를 차지하고 있는 것으로 나타나 경기도와 서울에 전체의 약 40%에 이르는 자영업자들이 몰려 있음을 알 수 있다. 다음으로 경남, 경북, 부산이 뒤를 이었으나 이들은 각각 전체의 6%대의 수준으로 나타났다. 그림 1-1 은 표 1 -1 에서 보여 주는 2008년 말 자영업의 현황을 그래프로 나타낸 것인데, 인구가 가장 많이 몰려 있는 경기도와 서울 지역의 자영업자수가 각기 다른 지역 자영업자수의 두 배 이상이 되는 것을 확연히 보여 준다.

그림 1-2 는 자영업자들의 업종별 분포를 보여 주는데 음식점이 439,223명으로 전체의 34.9%를 차지하고 이어 의류점, 부동산중개업, 식품종합소매점이 각각 6.65%, 6.09%, 5.46%를 차지하고 있다. 이 자료를 근거로 업종별 분포를 비교해 보면, 특별한 기술이 없더라도 누구나 쉽게 창업할 수 있다는 믿음에서인지 음식점이 압도적으로 많으며 반면에 과일가게, 가구점, 목욕탕은 약 0.5% 수준으로 그 수가 가장 적은 것으로 나타났다.

그림 1-1 시도별 자영업자 분포

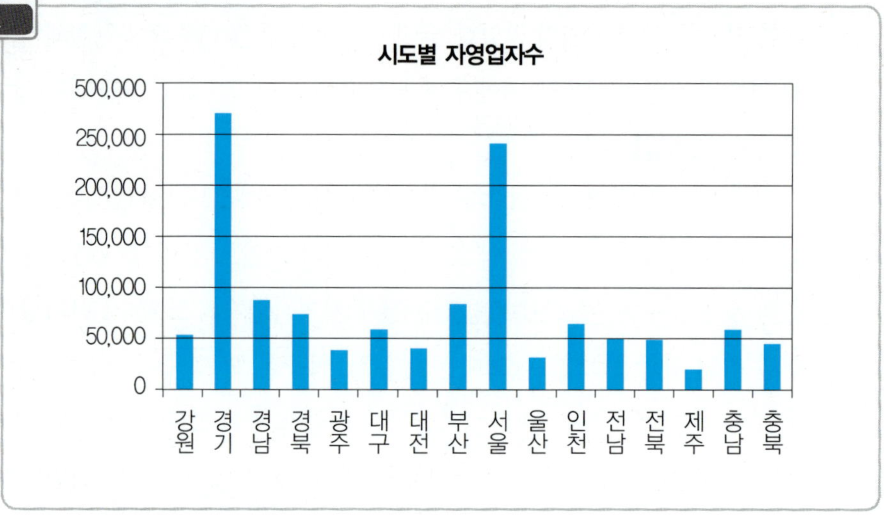

그림 1-2 업종별 자영업자 분포

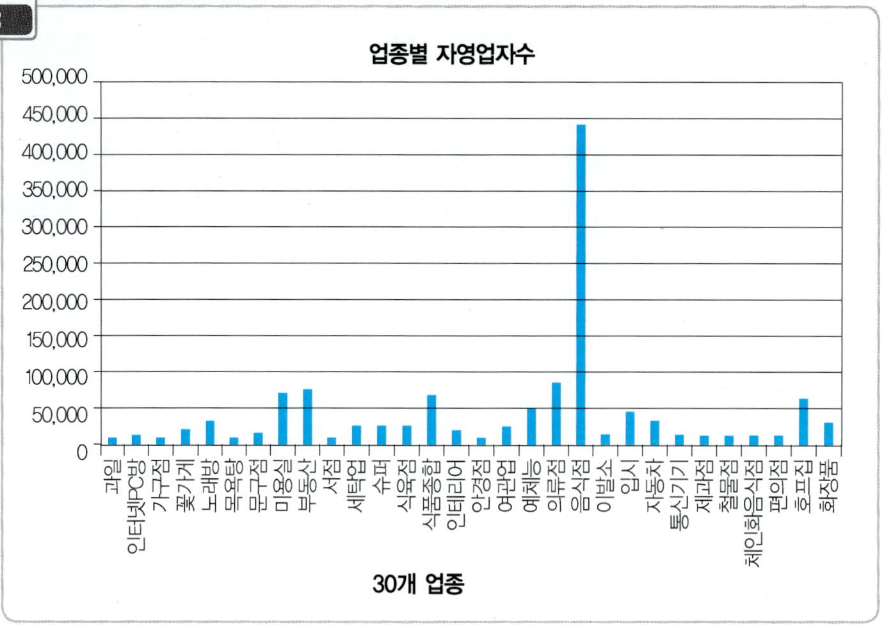

그러나 이러한 전반적 성향을 벗어나 상대적인 경쟁의 정도를 나타내는 업종별 사업자당 평균 인구수에 의한 분석을 보면(그림 1-3 참조), 소규모 자본으로도 창업이 가능하며 수요층이 넓고 이용 빈도가 높은 음식점·의류점·미용실 등의 경우 업종별 사업자당 평균 인구수가 1,000명 미만으로 적게 나타나고 있다. 특히, 음식점의 경우는 113명으로 더욱 적게 나타나고 있어 경쟁 밀도가 상당히 높은 편이다. 한편, 이용 빈도가 상대적으로 낮은 가구점·과일가게·목욕탕 등은 업종별 사업자당 평균 인구수가 7,000명이 넘는 것을 알 수 있다. 대체적으로 손쉽게 창업할 수 있는 업종에 경쟁의 정도를 고려하지 않고 많은 창업자가 몰리고 있음을 알 수 있다.

그림 1-3 사업자당 인구수에 따른 업종 분류

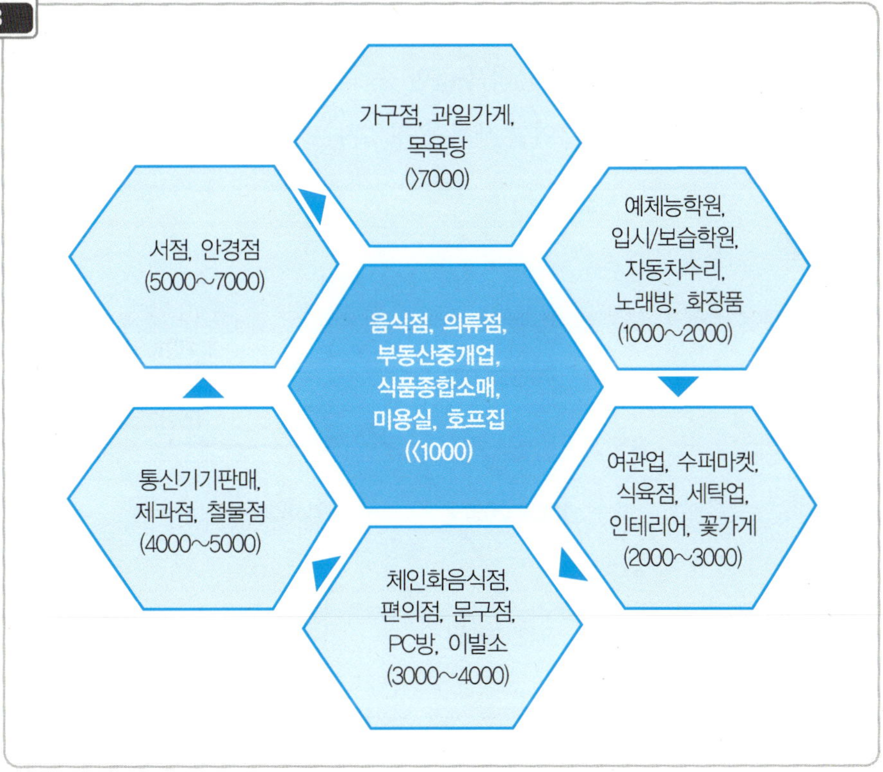

1-2 창업 시장의 실태

(1) 창업자 생존율

많은 사람들이 성공할 것이라고 믿으며 창업에 도전하고 있지만 창업 시장을 분석해 온 전문가들은 이들 중 80~90%가 1년도 안 되어서 폐업하고 있음을 전하고 있다. 창업자에게 있어서 너무 가혹한 상황이지만 이것이 현실인 것이다. 그렇다면 창업자들 중 80~90%가 1년도 안 되어서 폐업하는 이유는 무엇인가 하는 의문이 들 것이다.

전문가들은 많은 창업자들의 폐업 원인을 창업자들이 충분한 창업 준비가 안 된 상태에서 창업 전선에 대거 나선 데에서 찾고 있다. 즉 베이비붐 세대의 은퇴, 경기침체의 장기화, 실업률의 꾸준한 증가와 취업의 어려움 등은 수많은 창업 도전자들을 양산하였고, 이들 새로운 창업자는 정체성 부족으로, 즉 어떤 확실한

그림 1-4 신규사업자와 폐업사업자 현황

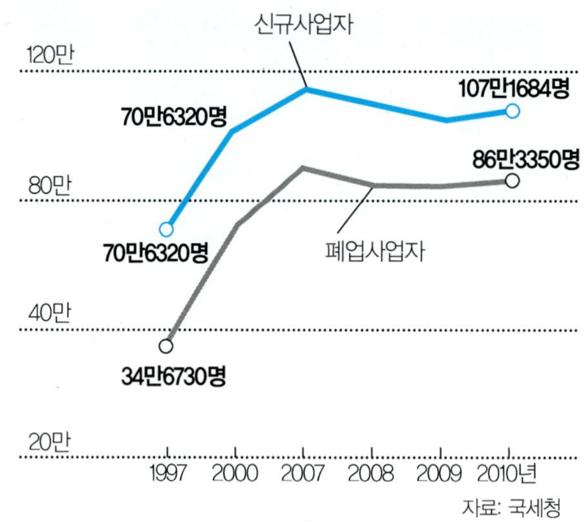

출처: www.chosun.com, 2012.5

목표나 목적에 따른 철저한 준비 없이 단지 자신의 신변에 관련된 한계적 상황에서 치열한 창업 시장에 뛰어든 것뿐으로, 창업자들로 이미 과포화 상태가 된 창업 시장에서 안정적인 수익을 꾸준히 올리기가 쉽지 않다 보니 창업한 지 얼마 되지도 않아서 폐업을 하는 경우가 속출한다는 것이다.

그림 1-4 는 1997년에서 2010년 사이의 국내 신규사업자와 폐업사업자의 현황을 보여 주는 그래프이다. 이 그래프를 보면 1997년에는 신규사업자 대비 폐업사업자의 비율이 49.1%이었으나, 2010년에는 80.6%에 이르는 것을 알 수 있다. 또한 신규사업자가 1997년에 비해 2010년에 152% 늘어난 반면 폐업사업자수는 249% 늘어나 폐업사업자 비율의 증가 속도가 훨씬 빠른 것을 알 수 있다.

(2) 영세사업체 생존율

한국개발연구원(KDI)이 발표한 '영세사업자의 실태' 보고서에 따르면 2009년 현재 우리나라 전체 사업체 329만개 중 종사자 5인 미만인 영세사업체가 82.7%를 차지하고 있는데, 영세사업체는 2000년부터 2009년까지 매년 평균 76만6000개가 새로 진입했고 75만2000개가 퇴출하였다. 영세사업체의 수가 많은 업종은 한식 음식점업(27.9만개), 택시 운송업(16.6만개), 용달 및 개별화물자동차 운송업(14.5만개), 기타 주점업(9.8만개), 음식료품 위주 종합 소매업(8.4만개), 두발미용업(8.1만개) 등이다. 2000년에서 2009년 사이 업종별 영세사업체수의 변화는 표 1-2 와 같다.

영세사업체들의 1년 생존율은 65~75% 정도로 새로 진입한 영세사업체 가운데 3분의 1이 1년 이내에 퇴출하는 것으로 조사되었는데, 그래도 이들 중 평균 생존기간이 긴 업종은 여관업(5.2년), 치과의원(4.9년), 기타 관광숙박시설, 한의원, 일반의원, 가정용 세탁업(이상 4.5년), 노래연습장 운영업(4.4년) 등 전문성을 필요로 하거나 초기 투자비용이 높은 업종이었다(표 1-3 참조).

표 1-2 주요 업종별 영세사업체수 변화(2000~2009년)

구분		업종명
사업체수가 많이 늘어난 업종	100% 이상	외국어학원, 체인화 편의점, 마사지업, 그 외 기타 숙박업, 컴퓨터 및 사무용기기 수리업, 방문판매업, 도배 · 실내장식 및 내장목공사업, 기타 관광숙박시설 운영업, 일반교과학원, 통신기기 소매업, 보육시설 운영업, 고용알선업 등
	50~100%	떡류 제조업, 부동산 자문 및 중개업, 유리 및 창호 공사업, 세무사업, 일반 및 국외 여행사업, 기타 기술 및 직업훈련학원, 재생용 재료 수집 및 판매업, 슈퍼마켓, 화물운송 중개 대리 및 관련 서비스업, 육류도매업, 한의원 등
사업체수가 많이 줄어든 업종	20~50%	가전제품 수리업, 한복 제조업, 이용업, 목욕탕업, 육류 소매업, 기타 음 식료품 위주 종합소매업, 내의소매업, 컴퓨터 및 주변장치, 소프트웨어 소매업, 과실 및 채소 소매업, 문구용품 소매업, 비알콜음료점업, 가전제품 소매업, 곡물도정업, 유아용 의류소매업 등
	50% 이상	곡물소매업, 빵 및 과자류 소매업, 서적 임대업, 곡물 제분업, 상품 종합도매업, 음반 및 비디오물 임대업, 전자게임장 운영업 등

주: 1) 2009년 현재 사업체수가 1,000개 이상인 업종을 대상으로 한 것임.
2) 한국표준산업분류의 변경으로 인해 2000년과 2009년을 정확히 비교하기 어려운 산업은 제외하였음. 그럼에도 불구하고 산업분류의 연결상의 문제로 인해 사업체수 증감이 과도하게 평가된 업종이 있을 가능성을 완전히 배제할 수는 없음.
출처: KDI FOCUS, "영세사업자의 실태", 2012.8, www.kdi.re.kr

표 1-3 업종별 영세사업체 생존기간: 2005년 이전 진입사업체 대상

(단위: 년, %)

순위	생존기간이 긴 업종			생존기간이 짧은 업종		
	업종명	평균 생존기간	3년 생존율	업종명	평균 생존기간	3년 생존율
1	여관업	5.2	74.3	스포츠 교육기관	2.0	24.8
2	치과의원	4.9	71.3	셔츠 및 기타 의복 소매업	2.1	24.1
3	기타 관광숙박시설	4.5	66.9	셔츠 및 의류 도매업	2.1	24.2
4	한의원	4.5	64.3	남녀용 정장 소매업	2.2	25.8
5	일반의원	4.5	63.1	통신기기 소매업	2.3	28.2
6	가정용 세탁업	4.5	62.5	실내장식 및 내장목공업	2.3	28.4
7	노래연습장 운영업	4.4	65.1	신발 소매업	2.3	27.9
8	떡류 제조업	4.4	65.3	기타 섬유, 직물 및 의복 액세서리 소매업	2.5	30.0
9	불교단체	4.4	59.8	분식 및 김밥 전문점	2.5	31.5
10	자동차 전문수리업	4.3	59.3	컴퓨터게임방 운영업	2.5	32.0

순위	생존기간이 긴 업종			생존기간이 짧은 업종		
	업종명	평균 생존기간	3년 생존율	업종명	평균 생존기간	3년 생존율
11	차량용 주유소 운영업	4.3	60.6	제과점업	2.5	31.2
12	기독교단체	4.2	58.9	점술 및 유사 서비스업	2.6	32.2
13	체인화 편의점	4.2	63.0	화장품 및 방향제 소매업	2.6	32.9
14	의약품, 의류용품 소매업	4.2	59.1	기타 주점업	2.6	33.5
15	주거용 부동산 관리업	4.2	57.7	비알코올음류점업	2.6	33.4
16	기타 음식료품 위주 종합 소매업	4.1	57.4	가구 소매업	2.7	33.3
17	건강보조 액화식품 제조업	4.0	55.8	기타 식품류 소매업	2.7	34.3
18	이용업	3.9	54.8	절삭가공 및 유사처리업	2.7	38.1
19	문구용품 소매업	3.8	53.4	한식 음식점업	2.8	35.3
20	과실 및 채소 도매업	3.7	49.5	일반유흥주점업	2.8	36.4

주: 2009년 현재 사업체수가 1,000개 이상인 업종을 대상으로 한 것임
출처: 영세사업자의 실태, KDI FOCUS, 2012.8., www.kdi.re.kr

이상의 실태를 보면 많은 돈을 들여 새로이 사업을 벌이고 열심히 일을 했음에도 실패하고 만 사업체가 적지 않다. 성공에 대한 지대한 기대를 갖고 시작한 창업이 실패할 경우에 개인이 입는 정신적, 물질적 피해는 이루 말할 수 없이 크다. 또한 충분한 자금의 여유가 없기 때문에 대출과 같은 타인의 자금 지원을 받아 창업했을 경우에는 한 번의 창업 실패로 도저히 회복할 수 없는 경제적 타격을 받을 수도 있다. 따라서 창업은 신중하게 결정해야 한다. 성공적인 창업을 위해서는 무엇이 필요한지 다시 한 번 살펴보고 창업을 하기 전에 창업하고자 하는 본인의 마음가짐 및 환경을 비롯하여 창업에 관련된 제반 사항을 충분히 검토하고 이에 대한 전반적 이해도를 높여 어떠한 돌발 상황에도 대처할 수 있는 능력을 기르는 것이 필요하다.

1-3 창업의 이해

(1) 창업의 정의

창업의 의미를 새삼 정의할 필요는 없으나, 창업은 사전적 정의로 사업 따위를 처음으로 이루어 시작함을 이른다. 이는 인적, 물적 자원을 적절히 결합하여 상품이나 서비스를 조달, 생산, 판매하는 활동을 새로이 시작하는 것을 의미한다. 이때 창업자는 좀 더 좋은 자원 및 아이디어와 자금, 사업적 감각을 동원하여 이들을 경제적 재화로 전환시킬 수 있어야 한다. 그리고 새로운 활동의 결과는 새로운 사업체 또는 기업의 형태로 나타난다.

(2) 창업 선택의 동기 및 필요성

창업을 하게 되는 동기는 각 개인이 처한 환경에 따라 다양하다. 그러나 일반적으로 볼 때 창업자의 창업 동기로는 크게 경제적 어려움, 불안한 직장생활, 자아실현의 꿈, 새로운 아이디어의 사업화 등을 들 수 있다.

① 경제적 어려움

전통적인 소규모 자영업을 하는 많은 사람들의 창업 동기라 볼 수 있는 것이 경제적 어려움이다. 이것은 가장 기본적인 창업 동기라고 할 수 있다. 당장 닥친 경제적 궁핍을 벗어나야 한다는 절박한 사정에서 별다른 대안을 찾지 못하고 일단 시작하는 경우이다. 이 경우에 창업자는 충분한 사전 준비 기간을 갖지 못하였고 또한 자금의 여유가 충분하지 않기 때문에 창업 후 예기치 못한 상황이 발생하게 되면 제대로 대처하지 못하고 어려움을 겪는 경우가 많다.

② 불안한 직장생활

오늘날 직장생활은 과거에 비해 많은 고충을 안겨 주고 있다. 직장을 다니는 사람들은 사회적 환경의 변화에 따라 본인의 의사에 관계없이 구조조정 열풍에 따른 권고사직을 당하는 경우가 많아졌다. 또한 각박해진 직장 분위기에 제대로 적응하지 못하는 직장인들도 많아졌다. 이러한 기업 환경에 불안을 느끼는 사람들은 기업의 정형적인 업무의 틀과 상사의 지휘를 벗어나 자신만의 사업을 하고자 창업을 선택하고 있다. 이 경우의 어려움은 직장 생활로 몸에 배인 정형적인 생활 패턴과 지휘받은 업무만 해결해 오던 수동적 생활 패턴을 벗어나 모든 업무 처리나 결정에 있어서 자신과의 외로운 싸움을 어떻게 이겨 나가는가 하는 데 있다.

③ 자아실현의 꿈

애초부터 취직은 생각지 않고 자기만의 사업체를 운영하고자 하는 욕구에서 창업하는 경우로서 자아실현에 따른 만족이 창업의 동기이다. 창의적이고 도전적인 정신을 갖춘 사람들, 특히 젊은 사람들이 창업하는 경우를 예로 들 수 있는데, 이 경우의 어려움은 창업자가 사회적 경험이 적어 창업 초기에 사업체를 조화롭게 운영하는 데 어려움이 있다는 것이다.

④ 새로운 아이디어의 사업화

독특하고 기발한 아이디어나 제품을 바탕으로 이를 사업화하고자 하는 의도에서 시작한 창업의 경우이다. 이 경우를 순수한 창업 동기로 보는 견해가 있는데, 이 경우의 성공 관건은 시장에 잘 알려져 있지 않은 새로운 아이디어에 대한 판매와 홍보의 확산에 있다.

(3) 창업 시기의 선택

같은 업종, 같은 아이템, 같은 조건으로 창업을 하더라도 창업하는 시기에 따라 창업에 성공하는 경우도 있고 실패하는 경우도 있다.

먼저, 언제 어떤 국가적, 사회적, 지역적 환경에서 창업을 하느냐 하는 것이 창업 성공의 한 변수가 될 수 있다. 예를 들어 국가가 IMF 구제금융을 신청할 정도로 국가 경제가 안 좋을 때는 어떤 사업을 하더라도 쉽게 이끌어 나갈 수 없으나 국가 경제가 호황일 때는 대부분의 사업이 큰 어려움 없이 잘 운영는 편이다. 만약 국가 경제에 문제가 없을 경우라도 성수기와 비수기를 타는 업종인가, 아니면 성수기와 비수기라는 용어에 영향을 받지 않는 업종인가에 따라 창업 시기가 다를 수 있다. 예를 들어 냉면이나 아이스크림과 같이 찬 먹을거리는 여름이 성수기이고 겨울이 비수기라고 볼 수 있다. 성수기와 비수기가 뚜렷한 업종의 경우에는 비수기에 준비하여 성수기를 앞둔 회복기에 창업하는 것이 창업의 성공 가능성을 높일 수 있다. 이와 같은 계절적인 성수기와 비수기와 달리 대학가의 상점들은 학생들의 방학을 기준으로 성수기와 비수기를 나눌 수 있는데, 학생들의 방학 기간에 준비하여 개학 시기에 맞추어 창업하는 것이 바람직하다.

다음으로, 사업 아이템에 따라 창업 시기가 달라질 수 있다. 즉 사업 아이템의 생명 주기와 관련된 시장성에 따라 창업 시기를 고려해야 한다는 것이다. 모든 제품에는 그 제품 나름의 생명 주기가 있다고 본다. 생명 주기는 도입기, 성장기, 성숙기, 쇠퇴기로 나뉜다. 그리고 제품이 생명 주기의 어느 단계에 있는가에 따라 판매 전략을 달리 세워야 한다. 만일 제품이 현재 사회적으로 유행한다고 해서 쇠퇴기에 접어든 것을 모르고 주력 아이템으로 삼아 창업을 할 경우에는 거의 100% 실패할 것이므로 제품의 생명 주기에 맞추어 창업 시기를 조절하도록 노력하여야 한다.

(4) 창업의 종류

기업의 업종은 제조업, 도·소매업, 유통업 및 서비스업으로 나눌 수 있는데 크게 볼 때 창업의 종류는 이 범주에서 찾을 수 있다. 창업의 종류는 어떤 사업 형태를 갖고 창업을 시작하는가에 따라, 자신의 독자적인 사업을 의미하는 독립사업과 세간에 널리 알려진 프랜차이즈(franchaise)에 가맹하여 사업을 시작하는 프랜차이즈 가맹점으로 나눌 수 있다. 또한, 인터넷 이용을 기본으로 하는 사업인가 아닌가에 따라 온라인 사업과 오프라인 사업으로 창업의 종류를 나눌 수도 있다.

1-4 창업의 필요 요인

창업에 필요한 요인은 인적요인, 물리적요인, 목표요인으로 나눌 수 있다. 인적요인은 창업자와 종업원을 들 수 있으나 여기에서는 창업자에 한하여 논의하기로 한다. 물리적요인은 창업에 동원할 수 있는 자금을 말하며, 목표요인은 어떤 목적을 갖고 어떤 아이템을 취급할 것인가를 말한다.

(1) 창업자

창업자의 역할은 창업의 가장 중요한 부분이다. 창업의 성패는 창업자의 자질, 창업자의 안목, 창업자의 경험을 비롯하여 창업자의 의지에 따라 좌우된다. 창업자는 기회를 포착하여 창업을 하고 창업한 사업을 혁신적인 마음가짐으로 성장시킬 수 있어야 한다.

① 기회

창업자는 주변 환경 속에서 아무도 자각하지 못한 변화를 포착하여 이를 기회로 삼고, 자신이 지니고 있는 모든 자원을 동원하여 이 기회를 살릴 수 있도록 노력할 수 있어야 한다.

② 혁신

혁신이란 사회 환경 변화에 맞추어 기존의 제품이나 서비스를 변형시키고 변혁시키는 것을 말한다. 창업자는 사회 환경 변화에 맞추어 혁신을 이룰 수 있는 마음가짐이 필요하다.

③ 성장

창업자는 자신의 사업을 확장시키고 성장시키기 위하여 끊임없이 노력하고자 하는 마음가짐을 갖고 있어야 한다.

(2) 창업 자금

창업을 하기 위해서는 사업 규모에 맞는 자기 자본이 필요하고, 여기에 더하여 적어도 1년 정도는 버틸 수 있는 자금 여력이 있어야 한다. 많은 창업자들이 가장 고민하는 것이 자금 문제인데, 이는 대부분의 창업자들이 넉넉한 자기 자본을 갖고 있지 못하기 때문이다. 더욱이 많은 사람들이 사업하는 것을 보면, 처음에는 소규모 자본을 투자하여 소규모 사업체로 시작하나 사업이 진행되어 성장함에 따라 미처 생각하지 못했던 추가 자금에 대한 요구가 생기는 것을 경험하게 된다. 따라서 사업 초기에 예비비를 마련해 놓는 등 예산 편성을 치밀하게 계획해 놓지 않으면 심각한 어려움에 직면할 수도 있다.

창업을 위한 자금 마련에 어려움이 있으면 동업자를 구해 사업을 시작해야겠지만 그렇지 않은 경우에는 독자적 창업이 바람직하다. 왜냐하면, 사업 초기에 사업의 모든 분야를 속속들이 체험하고 사업 전반에 걸친 투자 규모나 한계를 스스로 깨달음으로써 사업에 관련된 모든 어려움에 대해 스스로 조절할 수 있는 능력이 생기기 때문이다. 또한 동업자가 있을 경우 사업 진행상 차질이 있으면 동업자 간 분란으로 중간에 사업을 접어야 할 수도 있기 때문이다.

(3) 창업 목표와 사업 아이템

창업의 동기는 앞에서 언급하였듯이 경제적 어려움, 불안한 직장생활, 자아실현의 꿈 및 새로운 아이디어의 사업화 등으로 볼 수 있다. 창업의 근본적인 목표는 사업에 성공하여 부를 쌓고자 하는 데 있다고 간단히 말할 수 있으나 창업자 각자의 창업 동기에 따라 그 목표 역시 달라질 수 있다. 사람들은 각기 자기가 하고 싶은 일을 하고 싶다거나 남의 지배 또는 지시를 받지 않고 자기의 뜻을 펼쳐 보고 싶은 욕망이 있다. 그러나 이러한 욕망이 욕망으로 끝나지 않고 성공에 이를 수 있도록 하여야 한다. 이를 위하여 창업자는 미리 자신이 원하는 창업의 목표를 정확히 설정하고 그 목표를 뒷받침할 수 있는 업종과 아이템을 잘 선택하여 창업에 임할 필요가 있다.

익힘문제

1. 창업의 빈도가 가장 높은 창업 업종은 무엇인가?
2. 창업자가 창업에 실패하는 주된 요인은 무엇이라고 생각하는가?
3. 사람들이 창업을 선택하는 일반적인 동기로는 어떤 것들이 있는가?
4. 창업을 할 때 창업 시기가 중요한 이유는 무엇인가?
5. 창업의 필요 요인은 무엇인가?

창업 Topic

20대 창업, 10명 중 9명은 망했다

지난 5년간 가장 많이 창업하고, 가장 많은 부실이 발생한 업종은 온라인 쇼핑몰 등 전자상거래인 것으로 나타났다. 또 창업자 연령대를 기준으로 한 부실기업 가운데 사회경험이나 직장 경력이 일천한 20대가 창업한 업체가 10곳 중 9곳이나 됐다. 신용보증기금(신보)이 신용보증취급 및 부실이 발생한 기업을 분석해 발표한 '창업기업 업종 특성 및 동향 분석' 보고서에 따르면 2008~2012년 창업기업 중 가장 크게 증가한 업종은 전자상거래다. 창업기업은 생긴 지 5년 이하인 업체를 뜻한다. 전자상거래 업종 창업은 2008년 612개에서 해마다 증가하여(2009년 1,027개→2010년 1,903개→2011년 2,616개→2012년 2,836개) 5년 사이 무려 5배 가까이 늘었다. 창업 2위 업종인 일반화물자동차운송업(2008년 1,918개→2012년 2,320개)과 비교하면 전자상거래 업종의 무서운 증가세를 가늠할 수 있다.

하지만 전자상거래 업종은 부실도 가장 많이 발생했다. 지난해 말까지 5년간(누적) 부실발생 상위 업종 중 전자상거래는 738개로 2위인 차량용 주유소 운영업(599개)을 크게 웃돌았다. 전자상거래 업종이 창업은 물론이고 부실도 많은 건 적은 초기 투자비용, 무점포·무종업원 등으로 인한 가격경쟁력이 양날의 칼로 작용하는 탓이다. 누구나 쉽게 창업할 수 있지만 역설적으로 이로 인한 과당경쟁 심화로 쉽게 무너지기도 한다는 얘기다. 실제 통계청에 따르면 2008년 3,625개였던 전자상거래업체는 2011년 6,815개로 급증했으나, 같은 기간 업체 평균영업이익은 8,900만원에서 5,300만원으로 크게 떨어졌다.

부실기업 중 창업기업 비중

(단위: %)

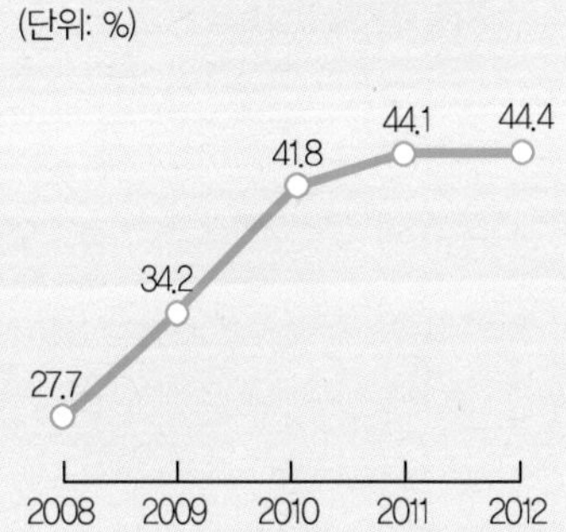

기업주 연령대별 부실기업

(단위: %, 2008~2012년 기준)

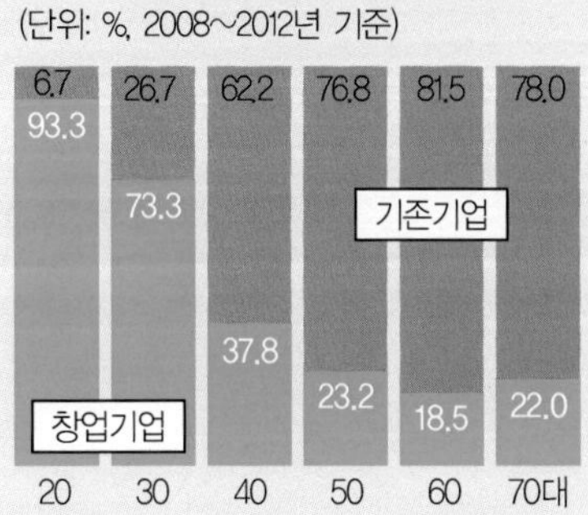

창업기업의 부실발생 상위 업종

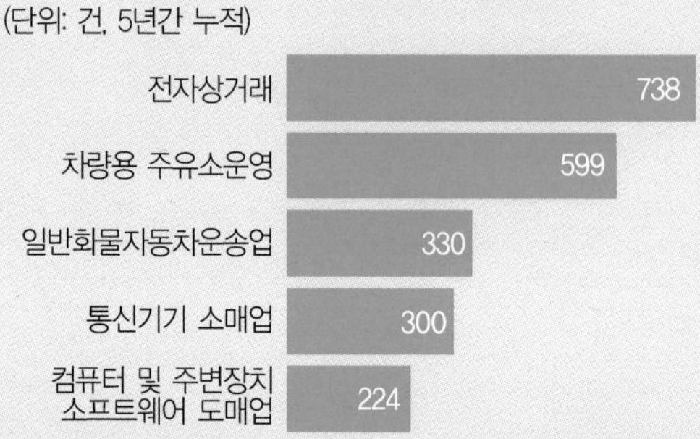

자료: 신용보증기금

5년간 성별 창업은 남성(81.5%)이 여성(18.5%)을 압도했다. 남성은 일반화물자동차운송업 창업이 가장 많았고 전자상거래가 그 뒤를 이은 반면, 여성은 전자상거래가 1위, 셔츠 및 기타의복소매업, 차량용 주유소 운영업 순이었다. 창업자 연령은 '43562 법칙(40대-30대-50대-60대-20대의 순을 의미)'이 5년간 불변했다. 지난해 신보가 취급한 창업기업 보증 창업 중 40대와 30대는 각각 4만 3,112건과 2만9,268건으로 전체의 76%를 차지했다. 특히 창업자가 어릴수록 부실 위험은 높아졌다. 전체 부실기업 가운데 최근 5년 내 창업한 기업의 비중은 39.1%였으나, 20대가 창업한 기업은 93.3%가 부실한 것으로 평가됐다. 30대가 창업한 기업도 부실비중이 73.3%에 달해 평균을 크게 웃돌았다. 신용보증기금 조사연구부 관계자는 "20~30대 창업기업의 부실이 높은 점을 감안해 틈새시장을 공략할 수 있는 사업 아이템을 확보하고 업계에 대한 사전 조사와 관련 업종 근무 경험을 토대로 신중히 창업하는 것이 필요하다"고 조언했다.(한국일보, 2013.08.14)

제2장

창업 준비 점검

창업이란 새로운 사업 세계로 뛰어들어 자신만의 독특한 특성과 혁신성을 가지고 자신이 원하는 부를 얻기 위한 기회를 잡기 위해 노력하는 과정이다. 창업은 불투명한 미래에 대한 위험성을 안고 새로운 사업에 투자한다는 관점에서 도박과 유사하다고 생각하는 사람도 있으나 우연성이 큰 비중을 차지하는 도박과는 그 성격이 전혀 다르다고 하겠다. 창업은 성공할 경우에 큰 보답을 얻을 수 있을 것이라는 가능성에 기대를 걸고 예견된 위험을 안고 가는 것이기 때문에, 창업으로 성공하기 위해서는 미래에 닥쳐올 위험 부담을 줄일 수 있는 모든 대책을 미리 강구하고 준비하는 자세가 선행되어야 한다.

일반적으로 창업자가 지녀야 할 특성으로서 용기와 명석한 두뇌라는 두 가지가 강조된다. 여기서 용기란 창업자가 자신의 사업을 지배하고자 하는 사업가적 본능을 말한다. 즉, 창업자는 자신이 정한 목표를 위해 정진할 수 있도록 자신을 헌신할 수 있는 용기를 갖추고 있어야 한다는 것이다. 한편, 모든 일을 함에 있어서 교육적 배경이 중요한 것이 사실이지만 창업에 있어서는 학문적 성취보다는 명석한 두뇌의 소유가 더 관건이 되고 중요하게 여겨진다. 창업에 성공하기 위해서는 사업을 시작하기 전에 계획하고 있는 사업에 대한 실무적 지식이 있어야 하고 이 지식과 함께 적당한 경험도 있어야 하는데, 이와 더불어 필요한 것이 세부 상황에 대한 사려 판단과 주의를 기울일 수 있는 명석한 두뇌인 것이다. 모든 사람들이 이러한 용기와 명석한 두뇌를 가지고 있다면 우리는 여기서 더 이상 창업자의 자질에 대하여 논할 필요가 없이 모든 창업자들을 조용히 지켜보기만 하면 된다. 그러나 이는 이상일 뿐 현실의 우리는 개개인이 완벽하지 않을 뿐만 아니라 개개인의 특성과 개개인이 처한 환경과 배경이 다르기 때문에 모든 사람들이 창업에 적합하다고 보지는 않는다. 이에 따라 창업에 적합한 자질을 가진 사람들과 그렇지 않은 사람들 간의 차이를 밝혀 창업의 실패로 인한 창업자들의 아픔을 조금이라도 줄일 수 있는 방법을 알아보고자 한다.

2-1 창업자의 자질

창업을 함에 있어서 가장 먼저 체크해야 할 것은 무엇일까? 사람에 따라 사업 종류, 사업 아이템, 사업 입지 조건 등 다양한 항목 등을 제시할 수 있다. 그러나 이 모든 것을 떠나 창업을 함에 있어서 가장 먼저 체크해야 할 것은 창업자 본인이 정말로 창업할 마음이 확고한가 하는 것이다. 또한, 왜 창업을 하려고 하는가, 창업을 하면 성공할 자신은 있는가 등의 질문에 스스로 긍정적인 답을 낼 수 있는지 체크해 보아야 한다. 그 이유는 창업이란 것이 미지의 위험 속에 자신이 현재 소유한 부를 투자하는 것이기 때문이다. 또한, 직장을 다니던 사람이 창업을 할 경우에는 직장인으로서의 안정된 궤도에서 누릴 수 있는 일상적인 즐거움이나 가족과의 단란한 생활을 벗어나 균형이 깨진 생활로 접어드는 것이기 때문에 창업자 자신의 마음가짐을 좀 더 확실히 체크할 필요가 있다. 그러나 이러한 생각에 대해 너무 일방적이라고 반론할 수도 있다. 온 가족이 힘을 합치면 안 될 것도 없지 않겠느냐는 것이다. 물론 그럴 수 있다. 그러나 창업이라는 것이 실패의 위험을 안고 시작하는 게 분명하고 더구나 생활 방편의 일환이고 보니 항상 최악의 상황을 염두에 두어야 한다. 따라서 창업의 중요성과 위험성에 대해 창업자 본인이 사전에 신중하게 검토해야 한다는 사실은 아무리 강조해도 지나치지 않는다.

학자들에 의하면, 창업에 적합한 사람이 있고 그렇지 않은 사람이 있다. 그러면 이들이 얘기하는 창업에 적합한 사람이란 어떤 사람인가 하는 의문이 생긴다. 즉, 사람에 따라 창업에 적합한 자질이 있다는 것인가? 그렇다면 그 자질을 측정하고 평가할 수 있는 방법은 어떤 것인지 알아보기로 하자. 실질적으로 그 누구도 자신이 창업에 적합한 사람인지 아닌지 스스로 체크하고 결론을 내리기는 쉽지 않기 때문이다.

(1) 자질 테스트 I

바움백(C.M. Baumback)은 창업자의 자질을 측정하는 기준으로 포기하지 않는 근성, 설득력, 창의성, 금전 관리 능력, 회계와 신용 관리 가능성 및 자기 관리와 적성 등을 제시하였다. 그리고 이 기준에 의하여 만들어진 평가 항목들을 이용하여 창업자의 자질을 측정할 수 있도록 하였다. 바움백의 창업자 자질 특성 측정 기준은 표 2-1과 같다.

표 2-1 바움백의 창업자 자질 특성 측정 기준[1]

번호	평가 항목	측정값
1	타인과의 경쟁을 즐김	
2	보상에 관계없이 이기기 위하여 강하게 경쟁함	
3	조심스럽게 경쟁하나 가끔은 허세를 부림	
4	미래의 소득을 얻기 위해 계산된 위험을 감수함	
5	확실한 성취감을 위해 효과적으로 일을 함	
6	하기로 결정한 것에 대해서는 최고가 되길 원함	
7	전통에 얽매이지 않음	
8	먼저 일을 시작하고 나중에 의논하는 경향이 있음	
9	보상이나 칭찬보다 잘 처리된 업무가 우선임	
10	타인의 의견에 관계없이 자신의 방식을 택함	
11	과오나 패배를 잘 인정하지 않음	
12	자발적인 행동가로서 타인의 격려를 필요로 안 함	
13	쉽게 좌절하지 않음	
14	문제가 생기면 스스로 해결책을 찾음	
15	탐구적임	
16	타인의 방해를 참지 못함	
17	타인으로부터 지시받는 것을 혐오함	
18	마음의 상처를 받지 않고 비평을 받아들임	
19	일이 완성될 때까지 지켜보길 원함	
20	동료들이 나만큼 열심히 일하길 원함	
21	모든 사업분야에 관한 지식을 넓히도록 노력함	
합계		

1 Source: Baumback C.M. & Lawzer K, *How to Organize and Operate a Small Business*, 6ed, Prentice-Hall, 1979

표 2-1의 각 항목에 대한 측정은 측정자가 생각할 때 항목의 내용과 항상 일치하면 3점, 상황에 따라 일치하면 2점, 거의 일치하지 않으면 1점을 부여한다. 측정 결과를 이용한 측정자에 대한 평가는 측정 점수의 합계에 따라 다음과 같다.

① 63점: 완벽한 창업자 자질을 보인다. 창업을 위한 업종 선택과 준비가 끝났으면 바로 창업해도 좋다.

② 52점에서 62점 사이: 우수한 창업자 자질을 보인다. 업종 선택에 주의를 기울여 창업하면 성공할 수 있다.

③ 42점에서 51점 사이: 창업에 대한 자질은 보통이다. 성공과 실패가 반반으로 창업에 대한 신중한 접근이 요구된다.

④ 41점 이하: 창업자로서의 자질이 부족함을 보인다. 따라서 창업보다는 다른 형태의 일을 찾는 것이 바람직하고, 굳이 창업을 하고자 한다면 다른 사람들에 비해 두 배 이상의 신중한 접근이 요구된다.

(2) 자질 테스트 II

바움백의 자질 판단 기준이 널리 받아들여지고 있으나 이 기준에 맞추어 모든 창업자의 자질을 평가하기에는 시대적, 사회적 변화 등으로 인해 현실적으로 고려해야 할 점들이 많아졌다. 더욱이 개인에 따라 각기 다른 사정을 감안하면 이 기준의 실효성 여부를 되묻게 된다. 그러나 창업한 후 사업이 진척되면서 겪게 될 여러 시련을 고려한다면 창업을 단지 열정 하나만으로 결정하고 진행하는 것 또한 어리석은 행동이랄 수 있다.

미국의 경제신문 월스트리스저널은 창업하기를 원하는 사람이라면 적어도 다음과 같은 항목에 스스로 답해 보고 창업 여부를 결정할 것을 권하고 있다.[2]

---

2 WSJ, How to Decide if Entrepreneurship is Right for You, 2012.8.

① 자신이 취급하고자 하는 제품이나 서비스에 대한 열정이 있는가?

창업 초기에는 누구나 스트레스를 받기 마련이다. 창업자가 업주이자 세일즈맨으로서 모든 업무를 혼자 감당해야 하는 경우가 많고, 또한 창업 초기에 시간이 지나도 제대로 이익이 나지 않으면, 많은 창업자들이 겪는 경우이지만, 창업에 대한 자신의 결정에 회의를 느끼게 되어 스트레스가 가중되기 때문이다. 이러한 상황에서 자신이 취급하는 제품이나 서비스에서조차 확신이나 열정을 갖고 있지 못한다면 고객들의 불만에 제대로 대처하지 못하는 불상사가 발생할 것이고 급기야 사업에 대한 흥미나 열정이 급속히 냉각될 것이다. 따라서 자신이 취급하고자 하는 제품이나 서비스를 선택할 때 이에 대한 자신의 열정이 충분한가를 먼저 체크할 필요가 있다.

② 자신은 위기에 직면할 수 있는 용기와 끈기가 있는가?

창업이라는 것은 지금까지 가 보지 않은 인생의 새로운 길을 개척해 나가는 것과 같다. 비유하면 새로운 루트를 개발하면서 에베레스트 산을 등정하는 산악인이 수시로 불어오는 눈보라를 이겨 내면서 전진해야 하는 것과 같다. 따라서 창업자는 순간순간 닥치는 위험에 과감하게 맞서서 버틸 수 있는 용기와 끈기가 있어야 한다.

③ 자신의 의사결정력이 좋은가?

자신의 사업체를 꾸려 가면서 사업에 관련하여 중대한 결정을 내려야 할 때 아무도 자신을 대신해서 결정을 내려 주지 않는다. 의사결정의 종류는 단순한 것에서 심각한 것에 이르기까지 천차만별일 것이다. 예를 들면, 사업 시작을 집에서 할 것인지 또는 장소를 빌려 할 것인지, 직원을 고용할 것인지 또는 고용한다면 몇 명을 고용할 것인지, 모자라는 사업자금을 친구에게서 빌릴 것인지 또는 은행에서 대출 받을 것인지 등 수많은 문제들이 밀려들 텐데 이때 어떤 결정이 올바른지를 본인이 잘 판단할 수 있어야 한다. 특히, 위험 부담이 높거나 사업상 비중이 큰 결정을 내려야 할 때 경영자는 더욱더 외로움을 느끼게 되는데 이것이 경영자와 고용자 사이의 커다란 차이점을 보여 준다. 모든 결정이 사업의 성공과 실패에 영향을 주기 때문에, 경영자는 매순간 자신이 올바른 결정을 내렸음을 확신할 수 있어야 한다.

④ 수많은 책임을 혼자 감수할 수 있는가?

고용자라면 자신이 맡은 업무만 처리하면 되지만 경영자는 사업상 모든 일에 자신을 바쳐야 한다. 더욱이 단독 창업자의 경우에는 기획 업무, 영업 업무, 회계 업무 등 여러 가지 업무를 스스로 처리하는 다중역할자가 되어야 한다. 만일 여러 가지 역할을 혼자 담당한다는 것에 부담을 느끼거나 일 처리 결과에 대한 책임을 회피하고 싶은 마음이 있으면 창업을 하지 않는 것이 바람직하다.

⑤ 심적, 육체적으로 강건한가?

창업이라는 것은 극단적인 경우에 일주일 내내 취미 생활이나 친구들과의 교류를 끊고 일에만 매진해야 하기 때문에 자칫하면 지쳐 떨어질 수 있다. 특히, 직장 생활을 하면서 주말의 여유를 즐기던 사람이 새로운 생활과 진로를 모색하겠다는 생각으로 창업을 했을 경우에는 이러한 처지가 되기가 쉽다. 증권회사에서 유능한 직원으로 인정받아 오던 모씨의 경우를 보자. 직장 선배들의 암담한 퇴직 과정을 보았던 모씨는 젊은 나이에 미래를 걱정하여 다니던 증권회사에 사표를 내고 자신만의 사업을 시작하였다. 그는 편의점을 차리고 그의 모든 열정을 쏟아부었다. 그러나 사업이라는 것이 그렇게 쉽게 되지 않아서 그의 모든 노력에도 불구하고 수익이 생각만큼 오르지 않자 스트레스만 쌓여 그의 몸과 마음은 점차 지쳐 갔고 마침내는 창업에 대한 후회를 하고 있는 실정이다. 이렇듯이 생활의 변화나 환경적 제한에 자신을 적응시키고 버텨 낼 심적, 육체적 능력이 부족하다면 창업을 시작하지 않는 것이 바람직하다.

표 2-2 창업자 자가 진단표

- 왜 나는 창업하고자 하는가?
- 어떤 사업을 하고자 하는가?
- 왜 이 사업이 잘될 것이라고 생각하는가?
- 왜 이 종류의 사업이 지속 가능하다고 생각하는가?
- 이 종류 사업과 관련하여 나는 교육, 기술 또는 경험을 갖고 있는가?
- 이 사업에서 내가 원하는 목표나 목적은 무엇인가?
- 내가 얻고자 하는 재정적 목표는 무엇인가?
- 만일 융자가 필요하다면 자금 출처를 갖고 있으며 나의 신용도는 이를 얻을 수 있을 만큼 충분한가?
- 나의 강점은 무엇인가?
- 나의 약점은 무엇인가?
- 나의 육체적, 정신적, 정서적 건강은 어떠한가?
- 창업하고 매일매일 사업을 운영하기 위하여 어떠한 지식과 기술을 갖고 있는가?
- 창업 분야에서 경쟁하는 데 필요한 기술력이나 방법에 대해 이해하거나 알고 있는가?
- 사람들이나 아이디어에 대한 좋은 판단력을 갖고 있는가?
- 성공하기 위하여 어느 정도의 희생이나 위험을 감수할 수 있는가?
- 개인생활과 사업 요구 사이의 균형을 이룰 수 있겠는가?

자료: Michigan Small Business and Technology Development Center, "Guide to Starting and Operating a Small Business," 2011

2-2 창업자의 창업 환경 분석

창업자의 자질 테스트 결과 창업을 하는 데 문제가 없다고 평가되었을지라도 각 개인이 처한 가정 환경이나 가족 관계에서 비롯된 변수에 따라 창업 여부에 대한 결정이 변경될 수도 있다. 창업 여부를 결정하기 위한 창업자의 가정 환경이나 가족 관계 등을 포함한 창업자 개인의 입장을 살펴보려면 어떤 방법을 사용해야 하는지 알아보자.

의사결정에 가장 많이 사용되는 방법 중의 하나로 브레인스토밍이 있다. 브레인스토밍은 주어진 시간 내에 특정 문제에 대해 구성원들이 자발적으로 아이디어를 내고 이 아이디어로부터 적절한 해결책을 찾는 방법이다. 주로 집단의 의사결정에 많이 사용되는 방법으로 개인이 처한 환경에 대한 의사결정에 그다지 적합하지 않다.

다음으로 생각할 수 있는 방법으로는 SWOT 분석이 있다. SWOT 분석은 보통 기업의 시장 분석을 위해 사용되는 방법이나 창업자의 창업 환경 분석에도 사용 가능하다. SWOT는 강점(Strength), 약점(Weakness), 기회(Opportunity), 위협(Threat)의 머리글자를 따서 만든 분석 기법 용어이다. 이 분석의 가장 큰 장점은 내·외부 환경을 동시에 파악할 수 있다는 것이다. 성공적인 창업을 위해서 가장 중요한 것은 창업자 자신의 자신감이다. 자신감을 갖기 위해서는 자신이 처한 환경에 대한 강점과 약점을 파악하여 자신의 강점은 최대한 활용하고 자신의 약점으로 여겨지는 문제점들은 미리 보완하고 피해갈 수 있도록 해야 한다. 기회 요인은 창업을 할 때 창업자에게 유리하게 작용할 수 있는 외부 요인을 말하며, 위협 요인은 창업자에게 불리하게 작용할 수 있는 외부 요인을 말한다.

이를 좀 더 구체적으로 살펴보면, 강점은 창업을 하는 데 있어서 자신이 지니고 있는 장점들을 포함하는데 예를 들면 건강한 체력과 탁월한 사업능력 등을 말한다. 약점은 이와 반대로 창업에 부담이 되는 단점들을 포함하는데 예를 들면 부족한 창업자금, 창업에 대한 가족 간의 의견 분산 등이다. 기회 요인은 창업을 하는 데 도움이 될 수 있는 대외적 요인을 의미하는데 일례로 과거 직장 생활을 하면서 쌓아 온 두터운 사회적 인맥과 업무 경험 등이 있는 반면에, 위협 요인은 부담이 되는 요인으로서 사회적 체면이나 실패의 경우 재기의 어려움 등을 들 수

그림 2-1 SWOT 분석의 예

강점(Strength)	약점(Weekness)
건강한 체력 탁월한 사업능력	가족 간 의견 분산 부족한 자금
기회(Opportunity)	**위협(Threat)**
두터운 사회적 인맥 사회적 업무 경험	사회적 체면 실패 시 재기의 어려움

있다. 각 개인이 처한 환경은 저마다 다르기 때문에 각 요인의 내용이 다를 수 있지만 이상의 예들로 SWOT 분석을 예시하면 그림 2-1과 같다.

그림 2-1과 같은 SWOT 분석을 통해 창업과 관련한 약점을 보강할 수 있고 위협 요인을 극복할 수 있다면 창업을 결정하고 진행하면 될 것이나, 불가능하다면 창업에 대하여 다시 생각해보아야 할 것이다. 창업자의 창업 환경에서 가정 환경이나 가족 관계에 관련된 변수 외에 추가적으로 고려해야 할 요인은 창업자의 연령이다. 왜냐하면 표 2-3에서와 같이 창업자의 연령에 따라 창업유형이 다른 만큼 창업에 임하는 자세가 다를 수 있기 때문이다.

표 2-3 연령별 창업 유형[3]

연령	창업유형	창업 아이디어 선정 기준
20대	모험창업	자신의 전공, 직업과 관계없이 어떤 분야를 선택하여 창업하여도 성패의 결과는 달라지지 않음
31~35세	선택창업	자신의 적성, 업무와의 상관 관계를 고려하여 아이디어 선정
36~40세	기반창업	사회생활 및 일정 분야에서 자기가 닦아 놓은 기반을 최대한 활용하여 아이디어 선정
41~50세	전문창업	학력을 불문하고 자신의 전문 분야를 최대한 살려서 아이디어 선정
51세 이상	안전창업	모험성이 전혀 없는 안전한 사업 분야를 선택하여 아이디어 선정

그러나 위와 같은 결정도 창업에 실패할 경우를 상정할 때 연령에 따른 재도전 가능성 여부에 따라 달라질 수 있다. 즉, 모든 창업 실패는 근본적으로 연령대에 상관없이 금전적 피해를 주는 것이 사실이지만 20대는 실패의 경험을 안고 다시 도전할 수 있는 젊음과 패기가 있기 때문에 큰 문제가 없으며, 30대와 40대는 실패를 발판 삼아 도약의 기틀을 마련할 수 있다. 그러나 50대 이후는 생계 유지 차원의 창업이 많기 때문에 창업 실패의 경우 가정적으로 커다란 타격을 입고 다시 일어서기가 힘들기 때문에 창업에 앞서 좀 더 신중한 접근이 필요하다.

3 방용성·주윤황, 『창업』, 학현사, 2009 발췌

익힘문제

1. 창업자가 성공하기 위하여 지녀야 할 특성은 무엇인가?
2. 창업자의 자질 체크가 필요한 이유는 무엇인가?
3. 바움백이 창업자의 자질 체크를 위해 제시한 기준들은 무엇인가?
4. 월스트리트저널에서 제시하는 자질 테스트 항목들은 무엇인가?
5. SWOT 분석은 무엇을 위한 분석 방법인가?
6. 창업자의 창업환경 분석이 필요한 이유는 무엇인가?

창업 Topic

창업은 안전이 최우선이다

사람마다 창업을 다양하게 정의하지만 필자는 계획된 성공을 확인하는 실천과정이라고 정의한다.

창업성공을 실천하기 위해서는 인적요소인 창업자, 목표요소인 사업아이디어, 물적요소인 사업자금이 필요하다. 이 세 가지 요소가 유기적으로 잘 결합될 때 성공할 수 있으며 어느 하나라도 부족하거나 없으면 창업이 이루어질 수 없고 창업을 한다 해도 불안전한 창업이 될 수밖에 없다.

대다수의 창업자들은 창업하는 이유를 묻는 질문에 돈을 벌기 위해서라고 답한다. 하지만 꼭 돈을 벌기 위해서만이 아닌 자아실현이나 모험정신의 발현을 위해서 창업하는 사람도 적지 않다. 이와 같이 정확히 창업의 목적을 정의하고 창업 하는 것이 중요하다. 돈을 벌기 위한 목적으로만 창업하게 되면 자칫 일확천금을 노리는 도박으로 변질될 수 있음을 알아야 한다. 창업은 도박이 아니며 안전이 전제가 되어야 하기 때문이다.

그렇다면 안전한 창업을 위해서는 어떻게 해야 할까?

첫째, 내가 적당히 잘하는 것보다 정말 잘하고 강점이 많은 분야를 찾아야 한다.

둘째, 내가 정말 하고 싶은 것을 찾아 열정적으로 일할 수 있어야 한다.

셋째, 아무리 내가 하고 싶은 일이라도 사회에서 수요가 있는지를 살펴야 한다.

넷째, 옳다고 확신이 들더라도 자기의 양심을 저버리는 일은 안 된다.

다섯째, 창업은 타이밍의 예술이다. 아무리 훌륭한 아이템이라 해도 성공할 수 있는 시기를 놓치면 생명을 다한 아이템이 되므로 적정한 시기를 잘 포착해 창업해야 한다.

여섯째, 입지의 중요성을 강조해야 한다. 어떤 아이템을 어떤 장소에서 판매하느냐에 따라 사업의 성패가 달려 있다. 유망 아이템을 가졌다 한들 성공할 수 있는 입지가 없다면 성공이 어렵기 때문에 입지선정에 심혈을 기울여야 한다.

일곱째, 자신의 경험과 취미와 적성을 살린 아이템을 선택해야 한다. 자기의 적성에 맞지 않는 아이템은 프로가 돼 사업을 경영해야 성공할 수 있음에도 일에 대한 포로가 되어 업무에 임하게 됨으로서 열정을 잃게 된다.

성공 창업을 위해서는 앞서 열거한 안전한 창업 일곱 가지를 심사숙고하고 철저하게 검토해 창업에 적용해야 한다. 창업은 도박이 아니기 때문이다.(창업경영신문, 2014.01.13.)

제2부

창업

제 3 장

창업의 기본 절차

무슨 일이든지 새로이 시작하고자 하면 쉽게 손에 붙지 않고 추진하는 데 많은 힘이 드는 것이 사실이다. 창업을 할 때도 마찬가지이다. 무엇부터 시작해야 하는가? 어떻게 시작할 것인가? 어떤 식으로 일을 진행해야 좀 더 효과적일 것인가? 창업 아이템은 무엇으로 할 것인가? 많은 의문과 혼란 속에 불안한 마음으로 일을 벌이고 시작하는 것이 창업을 하는 많은 사람들이 겪는 실상이다. 어떤 일이든 주먹구구식으로 진행할 경우에는 수많은 시행착오를 겪는 것과 마찬가지로 창업 역시 계획적으로 진행하지 않으면 창업 기간의 연장과 더불어 이에 따르는 금전적 손해를 감수해야 한다. 이러한 관점에서 창업을 계획적으로 진행하려면 어떤 절차를 거쳐야 하는지 알아볼 필요가 있다.

새로운 일을 시작하려면 우선 그 일을 어떻게 시작할 것인가, 또 어떠한 방식으로 그 일을 수행할 것인가를 설계하여야 한다. 다시 말해 일의 절차로 계획-설계-실현의 세 단계를 생각할 수 있다. 창업을 하는 데 있어서도 이러한 단계가 적용될 수 있다.

① 계획 단계

계획 단계에서는 창업을 하는 목적을 설정하고 그 목적을 달성하기 위한 사전 조사와 정보 수집을 하여야 한다. 이 정보를 바탕으로 어떠한 업종의 어떠한 아이템을 갖고 사업을 함이 타당한가를 결정해야 한다.

② 설계 단계

설계 단계는 계획 단계에서 세운 목적을 어떻게 실현할 것인가를 구체적으로 기술하여 일의 방향을 세우는 단계로, 창업을 위한 설계 단계에서는 창업의 성공에 도움을 줄 수 있는 상권 및 창업 입지를 결정하기 위한 조사 및 분석과 사업의 성공 가능성을 타진하기 위한 사업성 분석을 한다. 그리고 사업의 세부적인 사항 및 방향을 제시하는 사업계획서를 작성하여 사업에 대한 개괄적인 전망을 유추하도록 한다.

③ 실행 단계

실행 단계는 구체적으로 일을 시작하는 단계로, 창업자는 자신이 융통할 수 있는 자금을 산출하고 확보하여 이에 맞추어 사업장을 어느 곳에 구매 또는 임대할 것인가를 결정한다. 또한 이때 사업장을 개설하는 데 필요한 서류를 준비하고 등록을 마치도록 한다.

이상의 내용을 정리하여 기본적인 창업 절차를 도해하면 **그림 3-1** 과 같다. 즉, 계획 단계에서는 창업의 목적을 설정한 후 정보 수집 및 분석을 통하여 업종 및 사업 아이템을 선정하고, 설계 단계에서는 상권 및 입지 조사, 사업성 분석, 사업계획서 작성을 하며, 실현 단계에서는 창업 자금 산출 및 창업 자금 확보와 사업장 결정을 하고, 사업에 대한 인·허가 및 등록을 한다.

이 장에서는 창업의 기본 절차에 대하여 전반적으로 간략하게 소개하고 각 단계에 대한 자세하고 세부적인 내용은 4장부터 다시 별도로 설명하고자 한다.

그림 3-1 창업의 기본 절차

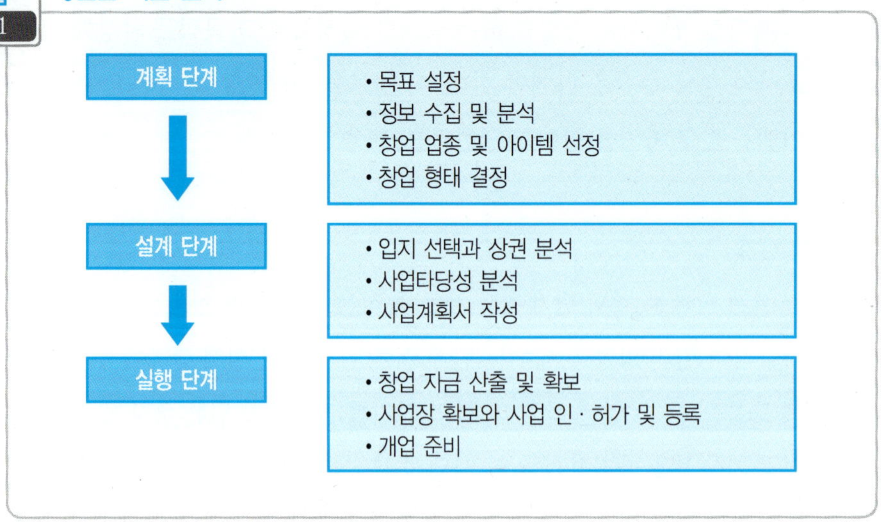

3-1 계획 단계

계획 단계는 창업을 위한 계획을 세우는 단계로, 창업하는 목적을 설정하고 창업에 필요한 정보를 수집하고 분석하여 어떤 업종과 아이템을 가지고 사업을 할 것인지를 정한다.

(1) 목표 설정

창업자의 창업 동기는 이미 1장에서 언급하였듯이 일반적으로 경제적 어려움, 불안한 직장 생활, 자아실현의 꿈, 새로운 아이디어의 사업화 등으로 나누어진다. 그러나 각 개인이 처한 창업 동기와 창업 환경을 일반적인 구분 방법으로 재단할 수 없는 법이다. 창업 동기가 무엇이든 창업자들 각각은 창업 자체가 목적이 아님을 인식하고 창업을 통해 얻고자 하는 확실한 목표를 설정하고 창업에 임해야 한다.

(2) 정보 수집 및 분석

창업에 관한 정보 수집은 창업 설명회장을 방문하거나 창업 정보를 전문적으로 제공하는 인터넷 사이트를 방문하는 등 여러 방법을 동원할 수 있다. 여기서 중요한 것은 어떤 종류의 정보를 수집하여야 하는가이다. 창업을 하려는 사람들 대부분은 전문적으로 사업을 하던 사람들이 아니기 때문에 무슨 업종에 어떤 아이템들을 가지고 또 어떤 방식으로 시작해야 하는지 모르는 경우가 많다. 따라서 이와 관련된 모든 정보들을 가능한 한 많이 수집하고 분석하도록 하여야 한다.

(3) 창업 업종과 아이템 선정 및 창업 형태 결정

창업의 첫 번째 과제는 어떤 아이템을 가지고 어떤 업종의 사업을 할 것인가를 정하는 것이다. 여기서 아이템이란 판매하고자 하는 상품 또는 서비스를 총칭한다. 업종 선택이나 아이템의 선택이 잘못되면 창업자가 혼신의 노력을 기울였음에도 불구하고 사업에 실패하는 경우가 많다. 많은 초보 창업자들의 실패가 이러한 범주에 속한다. 창업자가 자기와 맞는 사업 선택을 하기 위해서는 많은 시간과 노력을 들여 조사하고 분석하여야 하며, 이를 위해서는 자신의 경험이나 지식을 모두 동원함은 물론 주위 사람들의 조언에도 귀를 기울여야 한다.

일반적으로 사업 형태는 소매업과 도매업, 프랜차이즈와 독립 사업체, 상품 취급 사업과 서비스 취급 사업 등으로 분류할 수 있다. 창업자는 이 중 어떤 사업 형태로 창업을 할 것인지를 결정하여야 하는데, 창업자는 소매업을 할 것인지 도매업을 할 것인지 정하고, 상품 취급 사업 또는 서비스 취급 사업을 할 것인지 정하게 되면 그 다음으로 프랜차이즈에 가맹해서 할 것인지 독립 사업체로 할 것인지 결정해야 한다. 이 결정도 창업자가 선택한 업종이나 아이템에 따라 달라질 수 있으나 이 결정에 앞서 생각해야 할 것은 프랜차이즈에 가맹해서 창업하는 것과 독립 사업체를 설립하여 창업하는 것에는 각각의 장단점이 있다는 것이다. 창업자는 이 장단점을 잘 비교하고 본인의 창업 목적과 재정 능력 등을 고려하여 올바른 결정을 내려야 한다.

3-2 설계 단계

설계 단계는 창업을 어떻게 진행해 나가야 할 것인지를 설계하는 단계로, 창업할 입지 및 상권에 대한 분석을 하고 사업성이 있는가를 분석한 후 앞으로의 창업 방향을 위한 사업계획을 세운다.

(1) 입지 선택과 상권 분석

입지 선택은 어느 곳에 창업하는 것이 좋은가를 알아보는 것으로서 창업하고자 하는 장소가 갖춘 조건들이 그 장소에서의 경제 활동에 어떤 영향을 미칠지를 분석하는 것이다. 상권 분석은 사업을 할 때 그 사업에 미칠 수 있는 모든 미역적 영향 요인들을 알아보고 분석하는 것이다. 예를 들면, 물색하고 있는 장소의 유사한 업종을 찾아보고 고객 수요가 얼마나 되는지 알아보는 것 등이다. 업종마다 요구하는 입지에 필요한 조건이 있는데 이 조건을 만족시키는 입지라 하더라도 그 입지 구성원의 특성에 따라 상권의 형성이 달라질 수 있다. 따라서 입지 분석과 상권 분석은 서로 연계시켜 하는 것이 바람직하다.

(2) 사업타당성 분석

해당 입지에서 사업을 수행하였을 경우에 과연 어느 정도 수익이 생길 수 있을지 가늠해 볼 필요가 있다. 즉, 사업을 진행시킬 경우에 비용 지출이 예상되는 항목들은 어떠한 것들이 있으며 이 항목들의 총비용은 얼마나 될 것인지, 또한 예상 가능한 총수익은 매월 얼마나 될 것인가를 유추하여 이에 따른 손익분기점을 예측하는 등 사업 전반에 걸친 사업타당성 여부를 알아보도록 한다.

(3) 사업계획서 작성

사업계획을 세우고 이를 미리 확인해 보는 것이 성공적인 사업의 주요 요소임에도 불구하고 종종 그 가치를 무시하는 경향이 있다. 건물을 지을 때 건물의 설계도에 사용자가 필요한 모든 것을 미리 그려 놓고 메모하듯, 사업을 시작할 때에도 상세한 사업계획서를 작성해야 실수를 줄일 수 있다. 사업계획서는 사업의 내용, 운영방안, 일정, 자금 및 기타 계획을 문서화한 것이다. 사업계획서 작성이 중요한 이유는 사업계획서를 작성하면서 자신이 하고자 하는 사업의 성공 가능성을 타진해 볼 수 있고, 현재 사업의 상황과 목표를 구체적으로 점검할 수 있기 때문이다.

사업계획서의 양식 자체는 간단한 편이다. 하지만 사업계획서를 작성하기 위해서는 사전에 충분한 시장조사 및 고객 성향 파악, 사업 목표와 중장기 전략 수립이 수행되어야 하기 때문에 많은 시간을 투자해야 하는 작업이라고 할 수 있다.

3-3 실행 단계

실행 단계는 실제 창업을 실행시키기 위한 단계로, 사업장을 결정하고 창업을 위한 전반적인 재정 여건을 살펴서 이에 대처하며 사업상 필요한 인·허가 관계를 알아보고 준비한다.

(1) 창업 자금 산출 및 창업 자금 확보

창업을 하는 사람들 대부분은 넉넉하지 않은 자금을 가지고 창업에 임하기 때문에 창업 자금에 대한 세밀한 배분이 필요하다. 기본적으로 창업하는 업종에 따른 사업장 준비에 필요한 자금을 산출하여 준비해야 하는데 사업장 준비 자금으로는 보증금과 중개 수수료가 있으며 이에 더하여 권리금도 필요하다. 사업장을 운영하면서 들어가야 하는 자금으로는 시설 설치비, 시설 유지비, 임대료, 세금 등을 들 수 있다. 이와 더불어 직원을 고용하게 되면 이에 따른 인건비가 소요되고, 사업을 진행함에 따라 홍보 또는 마케팅 비용이 들어가게 된다. 창업 자금의 산출 내역은 독립사업체 창업인지 프랜차이즈 창업인지에 따라 차이가 있음을 염두에 두어야 한다.

(2) 사업장 확보와 사업 인 · 허가 및 등록

입지 및 상권 분석에 따라 사업장을 결정하였으면 이를 매입하거나 임대하여 사업장을 확보하도록 한다. 사업장이 확보되었으면 개업 이전에 관할 관청에서 인·허가를 받거나 신고 또는 등록을 해야 한다. 인·허가를 받는 데 걸리는 기간은 3~7일 정도이다. 일단 사업을 시작했으면 20일 이내에 구비 서류를 갖추어 관할 세무서에서 사업자 등록을 하여야 한다.

(3) 개업 준비

개업을 위해서는 다양한 시설물과 기구 및 사무기기 등이 필요하다. 시설물과 기구는 소모품이 아니기 때문에 오랜 기간 사용할 수 있는 것들로 갖추어 놓아야 한다. 그러나 이들을 구입하기 전에 빠듯한 재정 상태를 고려하여 꼭 필요한 것인지 충분히 확인하여야 한다. 상품의 판매와 관련된 창업일 경우나 외식업과 관련된 창업일 경우에는 상품이나 요리 재료를 구입하기 위한 시장조사 및 구입처 선정이 필요하다.

개업과 관련된 사업자 등록 및 인·허가 절차가 완료되었는지 등 사업 개시를 위한 모든 준비를 점검하고 사업장을 열도록 한다.

익힘문제

1. 창업의 기본 절차는 어떻게 되는가?
2. 창업의 계획 단계에서 처리해야 할 업무는 무엇인가?
3. 창업의 설계 단계에서 처리해야 할 업무는 무엇인가?
4. 창업의 실행 단계에서 처리해야 할 업무는 무엇인가?
5. 창업의 운영 단계에서 처리해야 할 업무는 무엇인가?
6. 창업 업종이나 아이템 선정이 중요한 이유는 무엇인가?
7. 입지 및 상권 분석이란 무엇인가?
8. 사업계획서를 작성하는 이유는 무엇인가?
9. 창업자금의 정확한 산출이 중요한 이유는 무엇인가?

제4장

계획 단계

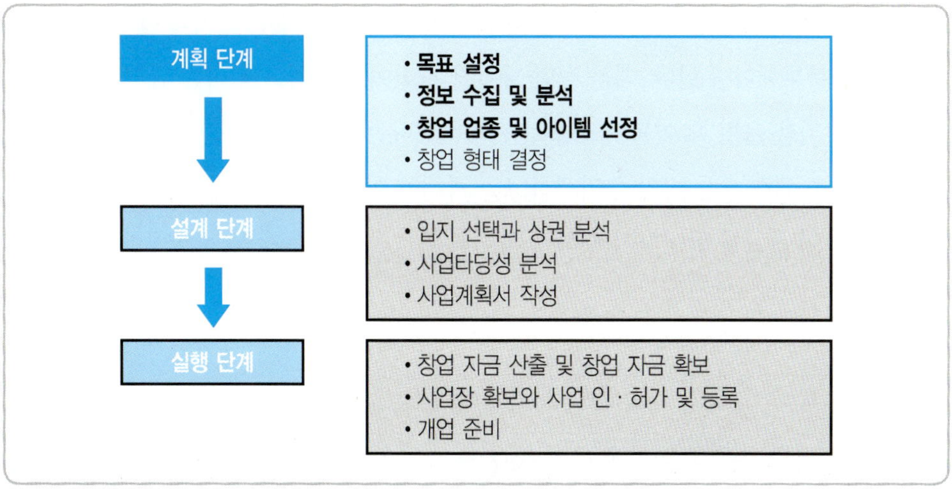

4-1 목표 설정

어떤 일을 행함에 있어서 목적이 없을 수 없다. 만일 목적이 없이 일을 진행한다면 어느 방향으로 일을 진행시키고 어디에서 일을 중단시켜야 할지 모르기 때문이다. 창업을 함에 있어서도 마찬가지이다. 창업자는 자신이 창업을 하는 목적과 그 목표를 명확하게 설정해야 한다. 개인 성장, 부의 축적, 또는 개인 성취감 달성이라는 막연한 동기나 목적을 내세우며 창업을 하는 경우 창업을 하는 것도 중요하지만 창업 자체를 목적으로 하면 안 된다. 창업의 목적은 창업에 성공하는 것이어야 한다.

사람들은 자신이 좋아하는 환경에서 자신이 좋아하는 일을 하게 되면 일에 지치지도 않고 행복을 느낀다고 한다. 이러한 관점에서 창업에 접근하는 사람들도 있으나, 대부분의 창업자들은 가족 부양이라는 절박한 명제를 가지고 창업에 뛰어든다. 이들은 어떻게 해서라도 창업에 성공해야 한다는 압박감을 갖고 있는데 '성공'이라는 용어는 너무 추상적이다. 성공에 해당하는 구체적인 목표가 필요하다. 따라서 진정한 성공을 위해서는 구체적인 목표를 세우고 이의 달성을 위하여 고군분투해야만 한다. 예를 들면 창업자 자신이 투자하고자 하는 금액 대비 몇 % 의 수익을 올릴 때 이를 성공으로 간주하겠다는 뚜렷한 목표를 설정하고 이 목표 달성을 위해 모든 방안을 마련하고 노력해야 한다는 것이다. 구체적인 목표가 있으면 이 목표를 달성하기 위하여 자신의 열정을 불태우게 되어 성공에 이르는 시간도 단축될 수 있다.

4-2 정보 수집 및 분석

자신과 가족의 생계를 위해 창업을 결정하였더라도 처음 창업 시장에 뛰어든 사람이라면 무엇부터 시작해야 될지 막연할 것이다. 아무런 정보가 없기 때문이다. 이때 가장 먼저 해야 할 일은 창업에 관련된 정보를 수집하고 이의 분석을 통해 자신이 나아갈 방향을 결정하는 것이다. 인터넷 시대의 좋은 점을 활용하면 창업에 필요한 여러 가지 정보를 검색창에서 "창업정보"를 입력함으로써 찾을 수 있는 많은 창업 관련 사이트들을 통해 도움을 받을 수 있다. 그러나 이러한 사이트에서 얻을 수 있는 자료는 어디까지나 참고 사항이지 절대적인 정보가 아님을 염두에 두어야 한다.

창업을 하는 데 도움이 될 수 있는 정보들을 나열해 보면 다음과 같다.

① 창업 시장의 전반적인 현재 상황은 어떠한가?

수많은 사람들이 새로이 사업을 열고 또 문을 닫고 있는 현실에서 자영업 시장의 동향을 알아보는 것은 상당히 중요한 일이다. 많은 창업자들이 제대로 수익을 올리며 사업을 하고 있는지 아니면 어렵게 사업을 꾸려 가고 있는지 등의 동향을 살펴보아야 하며, 이와 더불어 국가 경제의 흐름과 같은 거시적인 동향도 살펴보아야 한다. 즉, 국가 경제가 원만하게 돌아가는 시기라면 사업을 하기가 좋으나 국가 경제가 어려운 시기라면 사업의 종류를 불문하고 사업을 하기가 어려운 것이 사실이다. 특히 창업하는 입장에서는 사업체가 아직 안정적인 위치를 확보하지 못한 상태이기 때문에 이러한 요인에 많은 주의가 필요한 것이다. 이에 따라 창업하기 적당한 시기인지 좀 더 시간을 두고 관망하는 것이 좋은지를 결정할 수도 있다.

② 어떤 업종이 앞으로 유망하고 어떤 아이템들이 시장을 선도하고 있는가?

1장에서도 언급했듯이, 사람들이 많이 창업하는 업종은 어떤 것들이 있으며 지역에 따라 어떤 업종이 많이 창업되고 있는지 그리고 자신이 관심을 가지고 있는 업종들의 현황은 어떠한지를 집중적으로 살펴보아 그중 어느 업종을 선택하는 것이 유망한지를 알아내어야 한다. 업종을 알아보는 것과 동시에 해당 업종에서 어느 아이템을 가지고 사업을 하는 것이 유리할 것인지를 함께 살펴보는 것도 잊지 말아야 한다.

③ 업종이나 아이템에 따라 적합한 사업 장소는 어디인가?

업종이나 아이템에 대한 윤곽이 잡히면 이 아이템을 가지고 사업하기 적합한 장소는 어느 곳인가를 물색하여야 한다. 즉, 적합한 상권을 지닌 입지 선택을 할 수 있어야 한다. 상권이 제대로 조성된 적합한 입지를 선정할 수 있으면 그 사업은 거의 성공적이라고 할 수도 있을 만큼 입지의 선택은 중요하다.

④ 사업장의 임대료 분포는 어떠한가?

적당한 입지를 선정하였다면 사업장의 임대료 분포를 알아보아야 한다. 최소한의 비용으로 시작해야 하는 창업자의 경우 사업장 임대료는 전체 투자금의 상당한 부분을 차지하기 때문에 이에 대한 분석이 잘 이루어져야 한다. 아무리 입지가 좋고 사업장이 마음에 들더라도 자신의 투자 능력을 벗어날 경우에는 과감히 다른 사업장을 물색해 보아야 한다. 사업장에 대한 무리한 투자는 전체적인 자금 압박으로 이어져 창업의 실패를 초래하기 때문이다.

⑤ 업종이나 아이템에 따라 필요한 최소 자본금은 어느 정도인가?

창업자가 생각하는 잠재적인 창업 업종이나 아이템들에 대하여 필요한 최소 자본금은 어느 정도나 되는지 알아보아야 한다. 꼭 필요한 최소 자본금과 자신이 동원 가능한 자금을 비교하여 사업장 임대 장소, 심지어 업종이나 아이템을 선정할 수도 있고 바꿀 수도 있기 때문이다. 창업자들에게 가장 큰 걸림돌이 투자금의 규모이다. 그만큼 넉넉하지 못한 자금으로 창업에 나서는 경우가 많기 때문이다.

⑥ 업종이나 아이템에 따른 수익률은 어느 정도인가?

자신이 동원할 수 있는 자금으로 창업을 한 후에 얼마 만큼의 기간이 지나야 수익을 올릴 수 있는지를 예측할 수 있어야 한다. 이 예측의 중심에는 업종이나 아이템에 따른 수익률이 있다. 아무리 업종이 좋고 아이템이 좋더라도 적당한 수익이 오르지 않으면 그 사업을 이끌어 나갈 수 없게 된다. 따라서 사업을 시작하기 전에 각 업종에 대한 수익률을 미리 알아보고 이 수익률로 사업을 이끌어 갈 때 승산이 있다고 생각될 경우에 사업을 시작하는 것이 좋다.

위와 같은 정보를 습득하고 분석하여 자신이 원하는 업종이나 아이템에 맞추어 시장에 대한 평가를 하기 위해서는 많은 시간과 노력이 요구된다. 그러나 사업을 시작하기에 앞서 충분한 시간을 가지고 정보를 수집하고 이의 분석을 통해 정확한 사업 방향을 설정하는 등 철저히 준비하면 할수록 창업의 실패 가능성은 낮아질 수 있다. 참고로 다음과 같은 웹사이트를 방문하면 창업 관련 정보를 얻을 수 있다.

중소기업청: www.smba.go.kr
소호월드: www.sohoworld.co.kr
한국창업정보센터: www.startinfo.co.kr
비즈니스유엔: www.businessun.com
현대카드/현대캐피탈: www.my-business.co.kr/main.do
인크루트 창업단: www.incruit.com
한국소프트웨어진흥원: www.nam.co.kr
한일외식창업연구소: www.gourmet.co.kr
창업오케이닷컴: www.changupok.com

4-3 창업 업종 및 아이템 선정

창업 업종과 아이템은 창업자의 자금 동원 능력 즉 사업 규모와 업종의 현황, 상품의 시장경쟁력 등을 따져 구상해 볼 수 있다. 물론 프랜차이즈 창업인지 독립사업체 창업인지에 따라 업종과 아이템 선정의 접근 방식이 달라질 수 있다.

(1) 창업 업종 선택

창업 과정에서 가장 첫 번째로 직면하는 문제는 어떤 업종으로 창업하고 그 업종에서 어떤 아이템을 다룰 것인가 하는 것이다. 어떤 업종의 사업을 어떻게 선택하는 것이 바람직한가 하는 문제를 해결하기 위한 업종 선택의 요령을 정리해 보면 다음과 같다.

① 창업자가 직접 · 간접으로 알고 있는 업종으로 창업하는 것이 좋다

창업자의 전문지식이나 경력을 활용할 수 있는 업종일 경우, 창업에 따른 불안감이 줄어들고 창업자의 업무 만족도도 높아질 수 있기 때문이다.

② 투자 대비 수익성이 높은 업종 중에서 창업자의 자본 규모에 맞는 업종을 선택하는 것이 좋다

창업의 근본 목적이 이윤 창출이기 때문에 투자 대비 높은 이익을 얻을 수 있는 업종을 선택하는 것이 바람직하지만, 이것도 자신의 재정 능력을 벗어난 투자 금액이 요구될 경우에는 다시 생각해 보아야 한다. 왜냐하면 창업에 요구되는 자금 규모는 창업 자체를 위한 자금뿐만 아니라 창업 초기에 예상하지 못했던 운영 자금까지를 포함하고 있기 때문에, 처음에 예상했던 자금 규모보다 훨씬 큰 자금이 요구될 수 있다. 자신의 자본 규모를 넘어서는 창업을 할 경우에는 모자라는 자금을 조달하는 데 어려움이 있을 뿐만 아니라 타인 자본을 차입하였을 때에는 이자 발생과 같은 추가 비용 지출이 예상되기 때문에 언제나 불안한 마음을 떨칠 수 없게 된다.

이에 더하여 모든 성공의 뒷면에는 실패의 처절함이 존재함을 상기하여 자신의 자본 규모에 맞추어 투자할 수 있는 업종을 선택하는 것이 만약의 경우를 생각해서라도 바람직하다.

③ 장기적으로 지속될 수 있고 앞으로 성장 잠재력이 있는 업종을 선택하는 것이 좋다

당장 유행에 민감한 종류의 업종은 피하고 장차 성장 및 발전 가능성을 염두에 두는 것이 좋다. 즉, 잠재 소비시장의 확장이 가능한지를 가늠해 볼 필요가 있다. 또한 단기간에 이익을 실현하고 끝내고자 하는 창업이 아니라면 해당 업종이 현재 아무리 각광을 받고 있더라도 생명주기상의 도입기, 성장기, 성숙기, 쇠퇴기 중 어디에 위치하는지 파악하여 성숙기의 끝이나 쇠퇴기에 위치한 업종인 경우에는 가급적 피하는 것이 바람직하다.

④ 너무 도전적인 사업은 피하는 것이 좋다

도전적인 사업이란 성공할 경우에는 그 보상이 크지만 그만큼 위험 부담률이 높은 사업을 말한다. 사업에 경험이 없는 초보 창업자의 입장에서는 시작부터 너무 도전적이고 어려운 사업을 택하기보다는 운영하기 쉽고 또한 서서히 성장할 수 있는 업종을 택하는 것이 좋다. 도전적인 사업은 성공의 짜릿함을 제공해 줄 수도 있지만 참혹한 패배를 안겨 줄 확률도 높기 때문이다. 주식시장의 예를 들어 이를 설명하면, 주식시장에서 많은 개인 투자자들이 큰 손실을 입는 이유는 가격이 비싸지만 비교적 가격 변동이 적은 대형주를 공략하기보다 단기간에 많은 이익을 남기고자 가격은 싸지만 가격 변동이 큰 소규모 주식에 투자하다가 실패하기 때문이다.

(2) 창업 아이템 선정

어떤 아이템을 선정하는가에 따라 창업이 순조로울 수도 있고 어려울 수도 있다. 그만큼 아이템 선택은 창업에 있어서 중요한 부분을 차지한다. 어떤 아이템을 선택하여 창업할 것인가 하는 것은 쉽지 않은 결정을 요구한다. 창업자가 짧은 시간에 충동적으로 내리는 결정은 가장 지양해야 할 일이다.

창업의 실패 확률을 낮추기 위해서는 창업 아이템을 결정하기에 앞서 첫째, 창업 아이템에 대한 정보를 능동적으로 수집하고, 둘째, 기존 종사자들과의 면담을 통해 이들이 추천하는 아이템에 대한 의견을 참조하도록 한다. 이러한 과정을 거친 후에도 창업 아이템을 선정 할 때는 다음과 같은 점들을 고려하여야 한다.

① 창업자의 경험이나 취미를 살릴 수 있는 아이템인지를 살펴본다

창업 아이템의 선정은 업종 선택과 마찬가지로 일차적으로 창업자의 경험이나 취미 및 기호와 관련된 것이 좋다. 창업자가 전혀 모르는 아이템을 선정할 경우에는 창업자 자신도 해당 아이템에 대해 잘 모르기 때문에 고객들의 반응을 유도하고 판매하는 것이 쉽지 않다. 예를 들면 스포츠 업계에 종사하다가 창업을 하는 경우에는 스포츠용품점을 창업하는 것이 바람직하다. 이와 반대로 시중에 등산이 유행이라고 해서 본인은 산 밑에도 가 본 적이 없으면서 등산용품점을 내는 것은 바람직하지 않다.

자기 자신에게 스스로 질문해 보라. 내가 해 온 일이 무엇이며, 내가 할 수 있는 일이 무엇인가? 내가 취급하고자 하는 상품이나 서비스에 대해 고객들을 충분히 납득시키고 판매할 자신이 있는가? 이 답에 따라 아이템 선정이 제대로 되었는지 판단할 수 있다.

② 아이템이 유행에 민감한 품목인지 또는 투입 비용에 비하여 수익성이 높은지 등을 살펴보아야 한다

창업을 위해 선택한 제품이 한때의 유행으로 끝날 것 같으면 이는 선택하지 않은 것만 못한 결과를 초래한다. 창업을 하는 이유가 잠시 동안 사업을 하다가 말 것이 아니기 때문이다. 경우에 따라서는 유행에 민감한 아이템보다 어느 정도 대중화가 되어 있는 아이템을 선택하는 것이 바람직하다. 그렇다고 시대에 뒤떨어진 제품을 취급하라는 것은 아니다. 주기적으로 TV 광고를 주시하고 인터넷 쇼핑 사이트를 둘러보면서 TV에서 광고되고 있는 상품들에 대해 인터넷 쇼핑 사이트의 판매 상태를 확인해 보면 현재의 상품 판매 경향을 알 수 있다.

한편, 창업이라는 것이 투입한 자본과 노력에 대해 적당한 보상을 받고자 하는 것인데 창업을 위해 많은 자본을 투입하였음에도 불구하고 발생하는 수익이 너무 적은 경우에는 사람의 애간장을 말리는 원인이 되기 때문에 이 또한 바람직하지 않다. 즉, 투자한 자금의 회수력을 높일 수 있도록 어느 정도 수익성을 보장할 수 있는 품목을 선택하여야 한다.

③ 아이템의 판매 성장 가능성은 어떠한지 제품 수명주기를 살펴본다

최근 몇 년간 업종별 점포수 추이를 살펴보면 제품의 생명력에 따라 성공과 실패가 달라짐을 알 수 있다. 성공 가능한 아이템을 선택하기 위해서는 모든 제품들이 동물들과 마찬가지로 수명주기를 갖고 있다는 인식에 공감하여야 한다.

예를 들어 창업자가 시중에서 가장 인기 있는 제품을 선정하여 창업하여 사업을 운영하고 있다고 생각해 보자. 오래된 얘기지만, CD플레이어는 젊은 사람들 사이에서 유행하면서 상당한 수익 상품이었다. 이후 mp3가 나왔을 때에도 CD플레이어는 지속적인 수익을 올릴 수 있었다. 만일 mp3 판매가 그 상태로 지속되었다면 CD플레이어 사업의 어려움이 없었을 것이다. 그러나 오늘날 USB, AVX 단자 및 블루투스 등이 내장된 스마트폰이 출시되면서 더 이상 개별적인 mp3나 CD플레이어 판매는 각광받지 못하고 있다. 이렇듯이 아무리 현재 최상의 인기 품목이라 하더라도 시간이 지나면 시대에 뒤처지는 때가 오고 결국은 새로운 품목으로 대체되어 상점에서 사라지는 것이다. 만일 창업자가 전자기기 판매장을 구상한다면, 예를 들어 진공청소기의 경우 최신의 고성능 진공청소기는 언젠가 새로운 강력 모터 진공청소기나 사용하기 편리한 로봇 청소기의 등장으로 판매 감소를 겪을 것을 예상할 수 있어야 한다. 이와 같이 모든 제품은 시중에서 유행하다가 시대의 뒤안길로 사라지는 수명주기를 갖는데 **그림 4-1**은 이를 도표화한 것이다.

그림 4-1 제품 수명주기

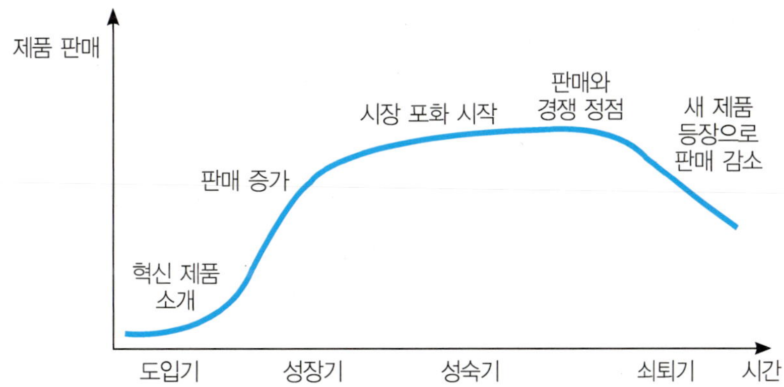

제품 수명주기

제품 수명주기는 도입기, 성장기, 성숙기 및 쇠퇴기로 나뉜다.

도입기

도입기는 제품 범주가 비교적 새로워서 대부분의 소비자가 제품에 대하여 모르는 시기이다. 따라서 제품에 대한 소비자들의 인지도를 넓혀 가야 하기 때문에 제품 판매에 따른 이익보다는 손실이 발생하는 시기이다.

성장기

다수의 소비자가 제품을 급속히 수용하면서 제품의 시장 주도권 다툼이 치열해지고 이윤이 높아지는데 이와 같이 제품이 알려짐에 따라 판매가 가속되는 시기를 성장기라고 한다. 성장기에는 제품 판매 정도가 경제 상황상 가능한 판매 정도에 비해 더 높다. 즉, 이 시기에는 제품 판매를 강하게 밀어 붙이면 시장점유율이 높아지기 때문에 예상 외로 높은 수익을 얻을 수 있다.

성숙기

성장기는 제품 판매가 급격하게 늘어나는 시기지만 오래 지속되지는 않는다. 왜냐하면 성장기에 시장 진입에 성공한 많은 경쟁자들로 인해 시장이 포화 상태가 되어 판매가 더 이상 늘어나지 않으며 새로운 대체 제품과 경쟁해야 하기 때문이다. 이 시기를 성숙기라고 하는데, 이 시기에는 경쟁 제품과의 경쟁으로 인해 광고비용이 많이 들고 판매에 압박을 받게 된다.

쇠퇴기

쇠퇴기에는 제품의 수요가 급격히 떨어지면서 판매가 감소한다. 왜냐하면 대체 제품이 증가하고, 성능이나 가격 면에서 우수한 신제품이 소개되기 때문이다. 이에 따라 매출이 급속히 감소되는 기존 제품은 시장에서 서서히 퇴출되기 시작한다

아이템을 선정할 때는 제품의 수명주기에서 도입기 후반이나 성장기 또는 성숙기 초기의 제품을 고려하는 게 바람직하며 성숙기 후반이나 쇠퇴기의 제품은 되도록 피해야 한다. 또한 도입기 초반의 제품이라도 시장이 성숙하기까지는 수

익을 바라기가 어렵기 때문에 충분한 자본력으로 버틸 수 있는 상황이 아니면 피하는 것이 좋다. 즉, 아이템 선택에 있어서 전략적 접근이 필요하다는 것이다.

④ 사회적으로 부각되는 문제를 해결할 수 있는 아이템인지 살펴본다

일례로, 최근에 평균 수명이 경이적으로 연장되면서 사회적 문제로 부각되고 있는 노인 문제를 살펴보고 여기서 창출될 수 있는 아이템을 찾아낼 수 있다면 상당히 바람직하다. 이런 아이템의 경우 기존 제품이나 서비스에 가치를 추가시키거나 발전시키는 방법 또는 기존에 없는 새로운 제품이나 서비스를 창출하는 방법이 있다. 노인 문제라면, 실버타운 사업이나 노인들을 대상으로 하는 일자리 알선 사업 등이 있다.

익힘문제

1. 창업 목표 설정이 중요한 이유는 무엇인가?
2. 창업하는 데 도움을 줄 수 있는 정보들은 무엇인가?
3. 사업의 형태는 어떻게 분류되가?
4. 창업 업종 선택의 기준은 무엇인가?
5. 창업 아이템을 선정할 때 고려할 점은 무엇인가?
6. 제품 수명주기란 무엇인가?
7. 아이템 선정 시 제품 수명주기를 고려해야 하는 이유는 무엇인가?

창업 Topic

성공창업이 어려운 이유

소상공인시장진흥공단이 올해 1월 1일 발족되었습니다. 소상공인시장진흥공단은 전통시장 상인을 포함한 소상공인을 대상으로 지원을 강화하기 위해 기존 소상공인진흥원과 시장경영진흥원을 통합한 조직입니다. 생계형 창업의 실패 확률을 줄이고 소규모 자본 창업자를 대상으로 다양한 지원을 하는 소상공인시장진흥공단 발족은 1인 창업 혹은 소규모 창업을 준비하는 예비창업자에게 반가운 소식이 아닐 수 없습니다. 창업을 준비하는 이들 중 상당수는 유명 요식업과의 프랜차이즈 창업에 관심을 가지게 됩니다. 일단 창업 자체가 쉽고 상대적으로 목돈이 들지 않기 때문입니다. 신문이나 TV 광고 혹은 광고성 기사를 통해 접한 프랜차이즈 성공사례는 예비창업자들의 마음을 들뜨게 만듭니다. 하지만 시간을 두고 시장조사를 하다 보면 골목마다 빽빽이 들어찬 유명 프랜차이즈 간판 점포들 속에서 나만의 성공신화를 만들어낸다는 것이 결코 쉽지 않다는 사실을 깨닫게 됩니다. 쉬운 창업의 대가는 낮은 성공률로 이어질 가능성이 높다는 의미입니다.

성공창업이 어려운 첫 번째 이유는 예비창업자의 사회경험을 살릴 수 있는 아이템 부족입니다. 학교 졸업 후 바로 창업하는 것이 아니라면 누구나 직장 생활 등 사회경험과 인맥 같은 네트워크를 가지고 있을 것입니다. 그런 '자본'이야말로 창업 분야를 선택할 때 '나침반'이 되어야 하고 창업 후에는 보이지 않는 든든한 자산이 되어야 합니다. 하지만 현실에서 이 같은 경험과 네트워크를 살릴 만한 창업 분야 혹은 업종 찾기는 만만치 않습니다. 두 번째로는 창업 아이템에 대한 실제 경험 부족을 들 수 있습니다. 프랜차이즈 기업 점포를 아이템으로 정한다고 해도 프랜차이즈 업체가 제공하는 매뉴얼에 의존하는 것에서 벗어나야 합니다. 인적·물적 운영의 노하우를 습득하여 자신만의 스타일을 만들어야 한다는 것입니다. 마지막으로 창업가 정신의 부족입니다. 아무리 규모가 작더라도 창업자라면 자신의 기업 철학과 기업 문화와 미래상에 대한 고민이 반드시 필요합니다. 창업가 정신이 부족하면 어려운 상황이 닥칠 때 이를 극복하는 심적인 동력을 만들어 내기가 어렵기 때문입니다.(주간경향, 2014.01.14)

제 5 장

창업 형태 결정

단계	내용
계획 단계	• 목표설정 • 정보수집 및 분석 • 창업 업종 및 아이템 선정 • **창업 형태 결정**
설계 단계	• 입지 선택과 상권 분석 • 사업타당성 분석 • 사업계획서 작성
실행 단계	• 창업 자금 산출 및 창업 자금 확보 • 사업장 확보와 사업 인 · 허가 및 등록 • 개업 준비

창업 업종이나 아이템의 선정과 맞물려 결정해야 할 것이 창업 형태이다. 창업 형태를 먼저 결정하고 창업자의 자본 규모에 맞추어 창업 업종이나 아이템을 선정할 수도 있기 때문에 두 과정의 순서는 경우에 따라 달라질 수 있다.

창업의 형태는 먼저 소매업과 도매업으로 분류하고 이와 더불어 독립사업체 창업, 프랜차이즈 창업 또는 온라인 창업으로 분류할 수 있다.

사업 형태의 가장 기초적인 분류는 소매업과 도매업이다. 누구나 다 아는 바와 같이, 소매업은 상품을 소규모로 고객에게 직접 판매하는 사업 형태를 말하고 도매업은 상품을 생산자나 수입업자에게 사들여 중간상이나 소매상에게 판매하는 사업 형태를 말한다.

소매업 또는 도매업 형태의 창업은 그 창업 절차가 제조업에 비해 간단하고 단조롭다. 그러나 제조업의 경우 사업체의 입지 선정이 비교적 단순한 데 비해 소매업과 도매업은 사업체의 입지에 따라 사업의 성패가 좌우되기 때문에 입지 선정에 상당히 신경을 써야 한다. 많은 창업자들이 자금 동원에 제한을 받기 때문에 일반적으로 창업을 언급할 때는 도매업보다 소매업 창업에 치중된 경향을 보인다.

프랜차이즈에 가맹하는 것은 프랜차이즈 본부가 제공하는 상품이나 서비스를 특정 지역에서 팔 수 있는 권리를 사는 것이다. 프랜차이즈에 가맹하기 위해서는 프랜차이즈 본부에 가맹비, 보증금, 로열티 등을 내야 한다. 또한 프랜차이즈 본부가 내세우는 규약을 지켜야 하는데 이것은 사업체를 운영하는 데 있어 커다란 제약이 된다. 독립사업체는 창업자 자신이 독자적으로 사업체를 창조하는 것이다. 독립사업체 운영은 프랜차이즈 운영과 달리 독자적인 통제와 자유를 갖고 사업하는 것을 말한다.

프랜차이즈에 가맹하여 사업을 시작하는 것이 비교적 손쉽기 때문에 많은 초보 창업자들이 선택하고는 있으나 프랜차이즈에 가맹하여 사업을 할 것인지 독립사업체를 설립하여 사업을 할 것인지는 각각의 장단점을 살펴보아 창업자의 개성에 따라 결정해야 한다.

5-1 독립사업체 창업

우리가 사는 동네 어귀나 사무실이 밀집한 지역 등에서는 어김없이 "붉은 해장국", "한가위 제과" 등의 독자적인 상호를 걸고 영업을 하는 독립사업체들을 볼 수 있다. 이런 사업 형태는 프랜차이즈 가맹점과 달리 사업에 관련된 모든 재료의 선택이나 제조방식뿐만 아니라 영업방식 등 모두를 사업자 본인의 재량으로 처리한다. 다시 말해 프랜차이즈 가맹점의 획일적인 가게 디자인이나 운영 형태와는 달리, 독립사업체의 경우는 좀 더 창의적인 운영을 할 수 있다는 장점이 있다. 그러나 독립사업체 창업은 프랜차이즈 가맹점 창업과 달리 백지 위에 새로운 사업의 기틀을 마련하는 것이기 때문에 처음 창업을 시도하는 입장에서는 더욱더 많은 시행착오를 겪을 수 있는 우려도 있다. 이에 따라 창업자에 따라서는 기존 사업체를 인수하여 창업하는 것을 고려하기도 한다. 보통 기존 사업체를 인수하여 창업하는 경우는 새로이 사업체를 개점하는 비용보다 기존 사업체를 인수하는 비용이 덜 들거나, 업종의 특수성이나 사업체 간의 간격 조정으로 인해 사업체를 새로 개점하는 것이 해당 지역에서 불가능한 경우이다. 그러나 새로운 사업체를 개점하는 경우와 기존 사업체를 인수하여 창업하는 경우는 각각 장점이 있는데 창업자는 이에 대한 평가를 통하여 새로운 사업체를 개점할지 기존 사업체를 인수할지를 정하는 것이 좋다.

(1) 새로운 사업체 개점

창업을 하면서 새로운 사업체를 열 경우에는 시설이나 간판, 실내 디자인 등 모든 것이 새롭고 산뜻하기 때문에 고객에게 좋은 느낌을 준다. 이러한 새로운 업체의 출현에 대해 고객들은 호기심을 느끼며 방문하게 되고, 이렇게 방문한 고객들의 입을 타고 사업체에 대한 홍보가 이루어질 수 있다. 또한 창업자의 창의적인 아이디어를 사업체의 내부 설계나 사업 방식에 적용할 수 있기 때문에 참신한 시작을 기대할 수 있다.

(2) 기존 사업체 인수

기존 사업체를 인수할 경우에는 실내 디자인 등에 들어가는 집기 구입과 설치에 따르는 비용과 시간을 줄일 수 있다. 즉, 새로운 사업체를 개업하는 것보다 운영 비용이 적게 든다. 기존 사업체를 인수할 경우에는 전 사업주가 사업을 할 때의 수익과 지출에 대한 기록을 참고할 수 있기 때문에 수익 증가를 위한 사업 방법 모색에 대한 힌트를 얻을 수 있다. 이와 더불어 기존에 얻은 사업체에 대한 좋은 평판이 사업에 도움이 될 수 있다. 물론 이와 상반된 경우 역시 가능하다. 가장 중요한 것은 해당 지역에 이미 각인된 해당 사업의 이미지를 사업체 운영에 이용할 수 있다는 점을 기대할 수 있다.

5-2 프랜차이즈 창업

일반적으로 프랜차이즈라고 하면 이는 사업 형식의 하나인 프랜차이즈를 가리킨다. 이와 같은 프랜차이즈는 사업체의 복제를 의미한다. 프랜차이즈 본사 설립자는 그의 사업을 재생하는 시스템을 개발하여 프랜차이즈 가맹점들을 모집한다. 프랜차이즈를 산다는 것은 프랜차이즈 본사가 만들어 놓은 상표와 사업 방식을 빌리는 것을 의미하고, 이를 프랜차이즈에 가맹한다고 한다.

프랜차이즈 사업 방식은 상품이나 서비스를 전달하기 위한 표준화된 접근 방식을 포함한다. 많은 사람들은 사업을 시작할 때 프랜차이즈에 가맹하는 것을 성공의 지름길로 생각한다. 어떤 의미에서는 받아들일 수 있는 의견이지만, 수많은 종류의 프랜차이즈들이 존재하고 또한 모든 프랜차이즈의 생성 조건이나 상황이 같지 않기 때문에 이 의견을 일반화하기는 어렵다.

따라서 창업자는 프랜차이즈에 가맹하여 창업을 하고자 한다면 다음과 같은 점을 미리 확인하고 추진할 필요가 있다. 즉, 프랜차이즈에 가맹하여 창업하면 어떤 장점과 단점이 있으며, 어떤 프랜차이즈 본사를 선택해야 하며 그 기준은 무엇인지 알아볼 필요가 있다. 이를 알아보기 이전에 어떤 종류의 프랜차이즈들

표 5-1 프랜차이즈의 종류

관련 업종	프랜차이즈 종류
식음료	피자점, 패스트푸드점, 각종 레스토랑, 커피전문점, 가공치킨 판매점 등
아이들	학원, 태권도장, PC방 등
스포츠	스포츠용품점
여행	비행기표 판매, 여행사, 자동차 렌트
자동차	자동차 판매 대리점, 중고자동차 판매점, 타이어 판매점, 자동차 부품 판매점 등
미용	미용실, 손톱 정리 살롱, 피트니스 센터 등
부동산	공인중개사
애완동물	애완동물 사료, 애완동물 미용, 애완동물용품 등
소매점	전자제품 판매점, 마트형 판매점 등

이 있는지 살펴보기로 하자.

프랜차이즈는 그 종류를 모두 나열하기는 힘들고 관련 업종끼리 대략적으로 분류하면 표 5-1 과 같다.

(1) 프랜차이즈 창업의 장 · 단점

앞에서 언급하였듯이 프랜차이즈에 가맹하여 창업하는 것은 많은 장점과 더불어 단점이 있다. 이들 장점과 단점을 살펴보면 다음과 같다.

① 프랜차이즈 창업의 장점

• 창업 실패율이 낮다.

프랜차이즈에 가맹한다는 것은 이미 성공하고 있다고 설정된 개념을 사는 것과 같다. 통계적으로 보면 프랜차이즈 가맹점 창업은 독립사업체 창업에 비해 성공률이 더 높은 것으로 나타난다. 독립사업체 70~80%가 창업 후 몇 년 안에 폐업하는 데 반해 프랜차이즈 가맹점은 80% 정도의 생존 가능성을 보여 주고 있다.

• 초기 창업 단계와 이후 운영에 도움을 받을 수 있다.

프랜차이즈에 가맹하게 되면 사업을 시작할 때와 이후 사업을 운영해 나가는 데 프랜차이즈 본사로부터 도움을 받을 수 있다. 즉, 창업자는 프랜차이즈 본사로부터 사업을 시작할 때 필요한 모든 것에 대해 교육과 훈련을 받으며 필요한 장비와 재료를 공급받는다. 많은 경우에 지속적인 훈련과 경영, 마케팅 부문에서 도움을 받을 수 있다. 이와 더불어 상권 분석에도 도움을 받을 수 있다.

• 재료를 염가로 구매할 수 있다.

프랜차이즈 본점이 싼값으로 대량으로 구매하여 프랜차이즈 가맹점에 나누어 보내기 때문에 재료의 구입 가격을 낮추는 효과를 얻을 수 있다. 또한 독립사업체를 운영하는 경우보다 재고 비용을 줄일 수 있다.

• 고객들에게 인식된 브랜드 효과를 누릴 수 있다.

잘 알려진 프랜차이즈는 브랜드가 대중에게 잘 인식되어 있다. 따라서 이런 프랜차이즈에 가맹하는 것 자체로 고객을 확보하는 데 필요한 홍보 비용을 줄일 수 있다.

• 프랜차이즈 가맹점들의 공동 마케팅으로 마케팅 효과를 높일 수 있다.

각각의 프랜차이즈 가맹점이 따로따로 마케팅을 하는 것보다 모든 프랜차이즈 가맹점들을 대표해서 프랜차이즈 본사가 광고를 할 경우에는 비용이나 규모면에서 효율적으로 마케팅 활동을 할 수 있기 때문에 비용 대비 효과를 높일 수 있다.

② 프랜차이즈 창업의 단점

• 프랜차이즈 본사의 지시대로 운영해야 하기 때문에 사업의 독자성을 살릴 수 없다.

프랜차이즈 가맹점의 가장 큰 단점은 모든 운영 방식을 프랜차이즈 본사에서 지시하는 그대로 따라야 한다는 것이다. 따라서 자신의 사업체라고 해도 창의적인 운영을 할 수 없다.

• 초기 개점 비용이 높다.

프랜차이즈 가맹비, 인테리어 및 제반 시설비 및 가구비를 본인의 의지대로 할 수 없고, 금액의 고하를 불문하고 프랜차이즈 본사에 지불해야 한다. 또한 프랜차이즈 본사가 전체 프랜차이즈를 위한 광고를 할 경우에 이에 대한 비용을 프랜차이즈 가맹점에게 물리고 있다. 참고로 국내 모 요식업 프랜차이즈 가맹점의 개설 비용을 보면 **표 5-2** 와 같다.

표 5-2 프랜차이즈 가맹점 개설 비용

구분	금액 (단위:만원)
가맹비	2,000
인테리어	5,250(3.3㎡당 150)
간판	350
가구	900
주방기기	1,700
기물	1,000
판촉홍보물 등	400
예비비	1,000
합계	12,600

• 프랜차이즈 본사에 따라 지속적인 훈련이나 도움이 부족하다.

모든 프랜차이즈 본사가 성공적으로 사업을 시작하고 운영될 수 있도록 지원하는 것은 아니다. 개점한 후의 운영은 프랜차이즈 가맹점주의 능력에 달려 있다. 프랜차이즈 가맹점 계약 때는 프랜차이즈 본사가 지속적인 지원을 약속하지만 이는 잘 지켜지지 않고 있다.

• 프랜차이즈 가맹비가 비싸다.

잘 알려진 프랜차이즈에 가맹하려면 비싼 가맹비를 지불해야 하기 때문에 자신의 재정 능력을 잘 살펴보고 가맹을 결정해야 한다. 비교적 덜 알려진 프랜차이즈는 가맹비가 비싸지 않을 수 있으나 사업 운영에 대한 성공 보장이 약하다는 문제점이 있다. 또한 이런 프랜차이즈 본사는 프랜차이즈 가맹점수를 늘려 자신의 수익을 높이는 데만 신경 쓸 뿐 가맹점들의 이익 실현에는 거의 신경을 쓰지 않는 경우가 많다.

• 프랜차이즈 본사의 도산은 가맹점의 도산으로 이어진다.

프랜차이즈 창업에서 가장 심각한 문제를 일으킬 수 있는 것이 프랜차이즈 본사의 도산이다. 프랜차이즈 본사가 경영 부실로 도산하게 되면 상품이나 서비스 공급이 중단되어 가맹점의 영업이 불가능해진다. 또한 본점의 도산으로 인해 프랜차이즈의 브랜드 효과가 일시에 사라짐에 따라 건실하게 운영하던 가맹점일지라도 동반 도산을 피할 수 없다.

위의 내용을 종합하여 정리하면 표 5-3과 같다.

표 5-3 프랜차이즈 창업의 장 · 단점

프랜차이즈 창업의 장점	프랜차이즈 창업의 단점
• 낮은 창업 실패율 • 프랜차이즈 본사의 지속적인 운영 협조 • 재료의 염가 구매 • 브랜드 효과 • 프랜차이즈 가맹점들의 공동 마케팅	• 프랜차이즈 본사에 종속된 운영 방식 • 높은 초기 개점 비용 • 프랜차이즈 본사 선택에 따른 훈련이나 도움의 큰 차이 • 비싼 프랜차이즈 가맹비 • 프랜차이즈 본사의 도산은 가맹점의 도산으로 이어짐

(2) 프랜차이즈를 선택할 때 고려할 사항

처음 창업하는 사람들은 프랜차이즈의 속성에 대해서 잘 모를 수 있다. 이 시간에도 수많은 프랜차이즈들이 생겨나고 있는 반면 수많은 프랜차이즈들이 문을 닫고 있다. 이러한 실패가 프랜차이즈 가맹점주의 부족한 능력에서 비롯된 것일 수도 있으나, 그 이면을 보면 프랜차이즈 설립과 이에 따른 가맹점 유치에 따른 수익 창출을 사업의 핵심으로 삼고 프랜차이즈 가맹점들의 성공에는 관심을 기울이지 않는 프랜차이즈 본사의 역할에도 문제가 있다. 어려운 상황을 타개하기 위하여 창업을 선택한 사람들에게 도움이 되고 이들을 성공으로 이끌 수 있는 프랜차이즈 본사의 선택은 상당히 중요하며 신중을 기해야 하는 일이다.

프랜차이즈에 가맹하기에 앞서 좋은 프랜차이즈 본사를 선정하기 위해서는 다음과 같은 내용을 살펴보아야 한다.

① 프랜차이즈 본사의 경영자가 기업가로서의 자질과 경영철학이 뚜렷한가를 알아보아야 한다

프랜차이즈 본사의 경영자가 프랜차이즈 발전을 위한 장기적인 목표를 가지고 있으며 이를 달성해 내겠다는 의지가 강한 사람인지 알아보아야 한다. 경영자가 단기적인 안목으로 프랜차이즈 가맹점 유치에만 열을 올리고 가맹점 유치에 따른 수수료나 가맹비에 초점을 맞추어 프랜차이즈를 운영할 경우에는 궁극적으로 프랜차이즈 운영이 비정상화되고 그 피해는 프랜차이즈 가맹점주들에게 돌아오기 때문이다. 좋은 경영자라면 자신이 운영하는 프랜차이즈 본사의 질과 효율성에 많은 관심을 기울이고 또한 가맹점주들과 동반자로서 같이 성장해 나가고자 하는 철학을 갖고 있어야 한다.

② 프랜차이즈 본사의 재무 구조나 자금 상황 등이 건전한지 알아보아야 한다

일부 프랜차이즈 본사는 자금난을 겪으면서도 이를 감춘 채 가맹점 모으기에 열을 올리기도 한다. 자금난을 겪고 있는 프랜차이즈 본사라면 가맹점들의 운영에 제대로 힘을 쏟지 못할 것은 자명하다. 이러한 프랜차이즈에 가맹 할 경우에는 개점과 관련하여 그리고 그 후 운영과 관련하여 훈련이나 지도와 같은 본사의 지원을 제대로 받지 못하게 되기 때문에 창업 후 얼마 안 되어 실패하게 된다.

③ 프랜차이즈 본사가 가맹점의 입지 선정이나 상권 분석 능력을 갖추고 있는지 알아보아야 한다

프랜차이즈 가맹점을 유치할 때 앞으로 사업 전망이 밝은 장소를 선정해 주어야 그 가맹점이 성공할 수 있다. 따라서 가맹점이 들어설 지역에 대한 상권 분석을 제대로 하고 있는지 기존의 가맹점 위치나 사업설명회에서 제시하는 입지 관련 정보를 잘 살펴보고 이러한 능력을 프랜차이즈 본사가 갖고 있는지를 확인하여야 한다.

④ 프랜차이즈 본사에 대한 법률적 소송이 없는지 알아보아야 한다

프랜차이즈 본사의 경영이 원활한 경우에는 근본적으로 문제가 없다고 볼 수 있다. 그러나 본사와 가맹점 간의 관계가 잘 구축되어 있지 않고 마찰이 있을 경우에는 프랜차이즈 본사에 대한 법률적 소송이 있을 수 있다. 이런 사항에 대해서 가장 잘 알고 있는 사람들은 기존의 프랜차이즈 가맹점주들이기 때문에 이들과의 상담은 필수적이다.

(3) 프랜차이즈 창업의 성공 요인

프랜차이즈 창업을 성공적으로 이끌기 위해서는 프랜차이즈 본사의 지속적인 운영 협조가 절대적인 요인이 될 수 있다. 성공적인 프랜차이즈는 브랜드만으로도 이미 고객의 마음을 사로잡고 있기 때문이다. 그러나 아무리 브랜드 효과가 높고 본사의 운영 협조가 잘 이루어지더라도 프랜차이즈 가맹점주들의 끊임없는 노력과 지식이 없이는 성공할 수 없다.

이와 더불어 프랜차이즈 창업에는 입지의 선택이 매우 중요한 성공 요인으로 꼽힌다. 2012년 4월 대한상공회의소가 수도권 및 6대 광역시 프랜차이즈 가맹점 350곳을 대상으로 '프랜차이즈 가맹점 창업 실태 및 성공 요인 조사'를 한 결과, 가맹점주들이 생각하는 프랜차이즈 창업 성공 요인으로 입지 선정이 35%로 나타났으며, 그 뒤를 이어 업종과 아이템 선정이 33.4%, 가맹점주의 경험과 지식이 12.3%로 나타났다.

5-3 독립사업체 창업과 프랜차이즈 창업의 비교

독립사업체 창업과 프랜차이즈 창업에 대해 사업 운영 측면을 비롯하여 홍보/

마케팅 측면에 대한 상대적인 장단점을 비교해 보면 표 5-4와 같다.

표 5-4 독립사업체 창업과 프랜차이즈 창업의 비교

사업분류 / 비교항목	독립사업체 창업	프랜차이즈 창업
사업운영	경험자에게 유리	초보자에게 유리
상호개발	독자적 상호개발	프랜차이즈 상호 승계
창업비용	기본적 비용(보증금, 권리금)	프랜차이즈 부대비용 추가
마진율	높음	낮음
상품구매	독자적 구매처 확보	가맹 본부 공급
내부장식	독자적 디자인	통일된 디자인
상권조사	독자적 조사가 어려움	가맹 본부의 조사에 의존
창업기간	오래 걸림	획일적인 처리로 기간 단축
시장대처능력	시장 변화에 빠른 대처	가맹점 전체의 동향 파악으로 대처가 느림
홍보/마케팅	독자적인 홍보전략	가맹 본부의 공동마케팅 지원

5-4 온라인 창업[1]

인터넷을 통한 새로운 커뮤니케이션이 가능해지면서 과거에는 일부 전문 종사자들만 이용하던 콘텐츠 및 서비스를 연령과 직업을 초월하여 대부분의 국민이 이용할 수 있게 되었다. 경영의 한 방법으로 인터넷을 활용한 온라인 창업을 생각할 수 있다. 온라인 창업은 인터넷 쇼핑몰에 기초한 창업이다.

인터넷 쇼핑몰이란 컴퓨터 통신망의 가상세계를 뜻하는 사이버 공간과 보행자 전용 상가를 뜻하는 쇼핑몰의 합성어로 인터넷의 가상공간에 상품을 진열하고 판매하는 상가를 말한다. 쇼핑몰 운영자가 상품의 모습과 정보를 컴퓨터 화면으로 볼 수 있도록 진열해 놓으면 소비자들은 상점 사이트를 방문하여 상품을 찾

1 졸저, 『인터넷시대의 디지털 경영』, 비엔엠북스, 2009 발췌

아 주문하고 대금을 지불하면 주문한 상품이 고객에게 배달된다.

인터넷 쇼핑몰은 전 세계 인터넷 사용자를 고객으로 삼아 거래할 수 있는 새로운 교역 형태로서, 소비자 입장에서 보면 직접 상점을 찾는 일 없이 전 세계의 상품을 가격 및 품질 등에 따라 비교해 가며 한자리에서 값싸게 살 수 있다는 장점이 있다. 그리고 창업자 입장에서는 온라인 쇼핑몰을 구축하는 데 필요한 자금과 쇼핑몰 유지, 보수에 드는 소량의 자금만 있으면 실제 매장을 갖추는 데 필요한 막대한 비용에 대한 부담을 덜 수 있고, 또한 시간·공간적 제약이 없으며, 임대

표 5-5 쇼핑몰 운영 방식에 따른 장점과 단점 비교

방식	장점		단점
종합쇼핑몰 · 전문쇼핑몰 입점	종합 쇼핑몰	• 입점만 되면 확실한 판매고 기대 • 쉽고 간단히 쇼핑몰 시작 가능 • 초기 구축비용 저렴	• 독자적 고객관리 어려움 → 노하우 축적 어려움 • 입점 기준이 까다로움 → 대부분 개인 · 소호사업자 입점 불허
	전문 쇼핑몰	• 전문화 · 특화 가능	• 다양한 상품군의 취급이 어려움
포털사이트 입점	• 포털사이트 방문고객을 이용하여 손쉽게 고객확보 가능 • 입점비와 월 관리비가 저렴 • 키워드검색서비스, 다양한 이벤트 활용 등을 통한 홍보가 용이 • 포털사이트의 신뢰도를 이용하여 고객의 신뢰도를 얻을 수 있음 • 쇼핑몰 구축과 관리가 쉬움		• 비슷한 쇼핑몰들이 같은 카테고리에 포함 → 가격경쟁 • 같은 솔루션 사용으로 차별화가 어려움 • 의류, 잡화 등을 선호하는 경향으로 판매 아이템이 제한적 • 단품은 입점이 까다로움 • 회원 DB 자체 관리 어려움 → 고객정보관리 어려움
경매사이트 입점	• 창업 절차가 간단 • 초기 투자비가 없음 • 단품 판매가 용이 • 경매사이트 상권을 이용 가능 • 다양한 아이템의 판매가 용이 • 단발성 판매에 적합 • 매매보호서비스, 신용등급관리를 통해 거래의 신뢰도가 높음 • 상품 회전율을 높일 수 있음		• 고객 충성도를 높이기 어려움 • 수수료 부담이 큼 • 가격 경쟁이 치열 • 커뮤니티 활성화가 낮음 • 제공되는 일괄된 인터페이스 디자인으로 인해 차별화가 어려움 • 고객 관리가 어려움
독립쇼핑몰 구축	• 세련된 디자인 • 차별화된 쇼핑기능 • 효과적인 고객관리		• 상권을 보장받기 어려움 • 홍보의 어려움 • 초기 구축비용 많이 듦

료 등 상가 유지에 드는 비용을 아낄 수 있으므로 줄어든 운영비로 상품 가격을 낮추어 팔 수 있다는 장점이 있다.

그러나 온라인 창업을 할 경우 처음에 쇼핑몰을 대중에 알리기가 쉽지 않고 알리는 기간도 오래 걸리기 때문에 경영상 어려움이 따른다는 문제점이 있다.

온라인 쇼핑몰 창업의 경우 독립 쇼핑몰 구축, 포털사이트에 입점, 경매사이트에 입점, 종합쇼핑몰이나 전문쇼핑몰에 입점하여 사업을 하는 방법이 있는 것으로 알려져 있다. 이들 쇼핑몰 운영 방식에 따르는 장점과 단점은 표 5-5에서 살펴볼 수 있다.

익힘문제

1. 독립사업체로 창업할 때의 장점은 무엇인가?
2. 독립사업체로 창업할 때 새로운 사업체를 개점할 경우와 기존 사업체를 인수하는 경우의 차이점은 무엇인가?
3. 프랜차이즈 창업의 장점과 단점은 무엇인가?
4. 프랜차이즈를 선택할 때 고려해야 하는 것은 무엇인가?
5. 프랜차이즈 창업의 성공요인으로 중요한 것은 무엇인가?
6. 온라인 쇼핑몰 창업의 경우 쇼핑몰 운영 방식에 따르는 장점과 단점은 무엇인가?

창업 Topic

외식산업 선도 '코코이찌방야'

일본 최대 카레 전문점 프랜차이즈인 '코코이찌방야'의 본사는 나고야(名古屋)에서 약 20킬로미터가량 떨어진 이치노미야(一宮) 시에 있었다. 인구 38만명의 소도시이다. 회사까지 택시로 약 15분 이동하는 동안 찻길 양옆으로 논밭이 스치고 지나갔다. 코코이찌방야 사옥은 그런 주변 환경과 전혀 이질감이 느껴지지 않았다. 하지만 수수한 겉보기와 달리 이 회사는 일본에 1,223개 점포를 가지고, 연간 8,000만명분의 카레를 판매하는 대형 프랜차이즈이다. 중국 대륙과 홍콩(40개), 한국(20개) 등 해외 6개국 점포까지 합치면 매장이 1,333개에 이른다. 일본에서 외식산업이 서서히 내리막길을 걷기 시작한 2001년 이후에도 연평균 60개씩 신규 가맹점을 열었고, 연평균 영업이익률은 10%를 기록했다.

성공 비결은 창업자 무네쓰구 도쿠지(宗次德二) 씨의 몇 가지 독특한 경영 방식에서 찾을 수 있다. 가장 중요한 것은, 가맹점을 내려면 우선 본사 직원으로 입사해 일해야 한다는 원칙이다. 제대로 배운 뒤에 창업하라는 것이다. 1981년 도입 이래 32년째 시행하고 있는 원칙이다. 이 회사에서는 '꽃을 피운다'는 뜻의 영어 'bloom'을 써서 '블룸 시스템(bloom system)'이라고 부른다. 그런데 이 제도를 뒤집어 표현하면 직원만이 가맹점주가 될 수 있다는 것이다. 뒤에 설명하겠지만, 애초 이 제도는 직원에게 최고의 동기부여는 자기 가게를 갖는 것이라는 데 착안해 생겼다.

본사 직원으로 몇 년 일한 뒤에야 가맹점주 자격

무네쓰구 씨는 지난 2002년 경영 일선에서 물러났다. 현재는 자신이 세운 공익 법인에서 예비 창업자와 예술, 스포츠 인재를 경제적으로 지원하는 활동을 하고 있다. 그는 인터뷰를 위해 오랜만에 회사를 찾았다고 했다. 그는 태어나자마자 고아원에 맡겨졌고, 이후 입양된 가정도 경제적 형편이 어려웠다. 어린 시절 집에 전기와 수도가 끊기는 일도 적지 않았다. 그가 기업인으로서 출발한 곳은 찻집이었다. 스물다섯 살, 그때까지 다니던 부동산회사를 그만둔 뒤 장사를 하기로 결심하고, 이런저런 궁리를 하던 중 '찻집은 나처럼 돈도 없고 특별한 기술이 없는 사람도 할 수 있겠지' 하는 생각이 들어서였다.

매상을 올리기 위해 아내의 주특기인 카레라이스를 만들어 배달했는데, 반응이 좋아 아예 카레로 업종을 바꿔 1978년 코코이찌방야 1호를 내게 됐다. 코코이찌방야는 '이곳이 최고'라는 의미다. 블룸 시스템을 도입하게 된 것은 4호점을 막 열었던 1981년이었다. "점포에 들러 점원들과 이야기를 나누다 보니 한 곳도 예외 없이 '앞으로는 저 자신의 가게를 갖고 싶습니다'라고 이야기하더군요. 제가 가게를 키워서 점포를 여러 개 내는 것도 중요하지만, 사원들과 함께 성장하는 게 더 좋지 않을까 하는 생각이 들었습니다." 이는 무네쓰구 씨 본인의 이해와도 맞아떨어지는 일이었다. "저도 평소 점포수를 늘리는 것도 중요하지만, 좋은 가게, 반듯한 가게여야 한다는 생각이 강했으니까요." 그는 본사에서 제대로 교육을 받은 사원이 가맹점을 낸다면 안심할 수 있다고 생각했다.

직원 뽑을 때부터 창업 의지 있는 사람만 뽑아

이렇게 시작한 제도가 지금은 이 회사 경영의 근간이 됐다. 이 회사는 애초 직원을 뽑을 때부터 "장래에 코코이찌방야 매장의 오너가 되고 싶습니까"라고 물어 창업 의지가 강한 사람만 뽑는다. 사원으로 입사하면 자동적으로 제일 아래 단계인 9등급이 되고, 그 후에 점점 급수가 올라간다. 처음엔 적정한 양으로 밥 푸기, 설거지부터 배운다. 4등급이 되면 점장 준비생이 되고, 3등급이 되면 자기 가게를 열 수 있는 자격이 주어진다. 이런 시스템을 거쳐 창업하기까지는 5년 정도가 걸린다.

일본에서 프랜차이즈 가맹점을 하나 내는 데 보통 6개월 정도 걸린다. 코코이찌방야도 그렇게 했다면 점포를 크게 늘릴 수 있었을 것이다. 이런 의문에 대해 무네쓰구 씨는 이렇게 말했다. "물론 그랬겠죠. 하지만 막상 매장을 연 뒤엔 '아, 힘들다, 그만두고 싶다' 하는 생각이 들 수 있습니다. 창업을 하려는 사람은 고된 훈련과 경험을 쌓은 뒤에야 어려움이 닥쳐도 극복할 힘을 가질 수 있다고 생각합니다. 그렇게 점포를 늘려 나가는 게 제가 생각하는 이상적인 방식입니다." 그는 가맹점주가 밥 푸고, 설거지하는 방법까지 배워야 하는 이유를 이렇게 설명했다. "동네 식당이라는 곳이 손님이 찾아오면 어떻게든 열심히 노력해서 따뜻하게 대접하는 곳이잖아요? 저는 그걸 가게 운영의 기준으로 삼았습니다. 그런 가게로 만들기 위해서는 주인의 리더십이 필요하고, 그 리더십을 만들어 내기 위해선 기본적으로 주인이 가게 전반의 모든 것을 가장 잘 알아야 합니다. 그래야 종업원을 이끌 수 있는 게 아닐까요."

로열티 안 받는 가맹점 본사

이 회사만의 독특한 제도 둘째는 본사가 가맹점으로부터 로열티를 전혀 받지 않는다는 원칙이다. 본사는 대신 가맹점에 카레 원자재를 공급하는 데서만 수익을 얻는다.

무네쓰구 씨는 "본사가 만든 제품을 전국의 각 점포로 보내고 상품을 공급하는 것만으로도 이익은 제대로 나오고, 그것만으로도 충분하다"면서 "거기에 덧붙여 1~3% 정도 로열티를 받는다는 생각은 처음부터 하지 않았다"고 말했다. 그는 프랜차이즈업계의 일반적 상식을 뒤엎는 경영 방식을 채택한 이유를 이렇게 설명했다. "본사와 가맹점은 '공존공영' 관계라고 생각합니다. 점포를 처음 낼 때는 가맹점이 어느 정도 본부의 지도를 받는 부분이 있겠지만, 향후 이익은 가맹점이 노력한 결과이지요. 그 부분은 당연히 인정해 줘야 한다고 생각합니다. 본부가 그 이익의 상당 부분을 가져가 버린다면 둘은 공존공영하기 어렵습니다. 점주들이 '코코이찌방야의 사원으로 일하다가 독립해서 내 가게를 내서 좋았다'는 마음가짐을 갖고 있으면 그것이 바로 회사의 번영으로 이어지게 됩니다."

고객이 최고의 스승

무네쓰구 씨는 특별한 경영 교육을 받지 않은 채 사업을 시작했다. 코코이찌방야 1호점은 사방이 논밭으로 둘러싸인 교외라는 열악한 입지에, 가게 크기도 40제곱미터 남짓이었다. 그는 "경영 전문가들이라면 전부 말렸을 법한 선택"이라며 웃었다. "저는 '시로토(초짜)주의'라고 할까, 프로의 의견이라든지 하는 것은 전혀 안 들었어요. 돌이켜 보면 '이게 상식이야. 이건 경영에서 당연한 거야' 같은 일반론에는 신경을 쓰지 않았던 것 같아요." 대신 그는 매일매일 현장에서 배우는 현장주의로 사업을 익혔다. '현장주의를 넘어서는 것은 없다. 현장에서 일어나는 일들을 제대로 배우고 익히면 틀림없이 성공한다'는 '초(超)현장주의'가 그의 철학이다. 그를 성장시킨 것은 현장의 고객이었다. 그는 "고객이야말로 최고의 선생님"이라고 말했다.

코코이찌방야는 철저하게 고객 중심으로 돌아간다. 1978년 처음 가게를 열었을 때부터 고객에게 내는 밥량을 세분했다. 다른 가게는 보통 '많음', '보통', '적음' 3단계로 나누는데, 이 회사는 기본 밥량을 300그램으로 정하고 양이 부족한 고객은 100그램씩 늘려 주문할 수 있도록 했다. 토핑 종류나 카레의 매운 정도 역시 고객이 선택할 수 있다. 고객의 주문을 최대한 수용하다 보니 고객 스스로가 메뉴를 선택할 수 있는 시스템을 도입하게 됐다는 게 무네쓰구 씨 설명이다. 그는 처음 사업을 시작해 하루하루가 힘들었던 25세 때 한 가지 결심을 했다고 한다. "고객이 가게를 찾아오면 마음속으로 '우리 가게에 와 주셔서 감사하다'며 환영의 손뼉을 치는 기분으로 손님을 맞이하자는 것입니다."

그런 생각이 오늘날 '니코니코(생글생글)', '키비키비(민첩하게 움직이고)', '하키하키(시원시원하고 생동감 있는)'라는 코코이찌방야의 접객 신조로 자리 잡았다. "상품도 중요하지만 가장 중요한 것이 역시 접객이에요. 물론 카레가 맛있는 것도 중요하지만 그건 사람에 따라 기준이 다 다르니까요. 하지만 정성껏 대접할 때 손님들이 마음속으로 기뻐하는 데는 차이가 있을 수가 없습니다."(조선 Weekly BIZ, 2013.11.02)

제 6 장

설계 단계 I: 입지 선택과 상권 분석

계획 단계

- 목표설정
- 정보수집 및 분석
- 창업 업종 및 아이템 선정
- 창업 형태 결정

↓

설계 단계

- **입지 선택과 상권 분석**
- 사업타당성 분석
- 사업계획서 작성

↓

실행 단계

- 창업 자금 산출 및 창업 자금 확보
- 사업장 확보와 사업 인 · 허가 및 등록
- 개업 준비

어떤 업종에서 어떤 아이템으로 창업을 할 것인가를 결정하는 데에도 많은 시간과 노력이 필요하였지만, 과연 어느 곳에서 창업을 할 것인가를 정하는 문제는 업종과 아이템 선정보다 더 많은 시간과 노력을 요구한다. 왜냐하면 아무리 좋은 업종과 탁월한 아이템을 선정하였더라도 업종과 아이템에 어울리지 않는 잘못된 장소에서 사업을 시작할 경우에는 그 사업이 흥하길 바라기가 어렵기 때문이다.

예를 들어 보석상을 운영하고자 하는 사람이 사람들의 통행이 많은 장소라고 생각하여 재래시장 한복판에 보석점을 차린다면 어떤 결과가 올 것인지 생각해 보자. 보석점을 찾는 고객이라면 대부분은 여유롭고 우아하며 또한 주차하기 좋고 드나들기 편리한 곳을 원하는 성향이 있다. 재래시장에 위치한 보석점은 이들의 성향을 맞추기가 어려울 것이다. 또 다른 예로 웨딩드레스 숍이 재래시장 안에 위치했을 경우도 마찬가지이다. 시장바구니를 들고 오가는 공간에서 웨딩드레스를 입어 보며 자태를 점검하는 모습은 어쩐지 어울리지가 않는 광경이다.

앞에 든 예들이 너무 극단적이라고 생각할 수 있지만, 이러한 예들을 통해서 우리가 생각할 수 있는 것은 모든 사업은 그 사업과 구색이 맞는 곳에서 시작해야 한다는 것이다. 다시 말하면 올바른 입지의 선택이 창업의 성공에 지대한 영향을 미친다는 것이다.

입지 선택과 관련된 또 다른 예를 아래 그림과 같은 상황으로 살펴보자.

그림 6-1 입지 선택의 사례

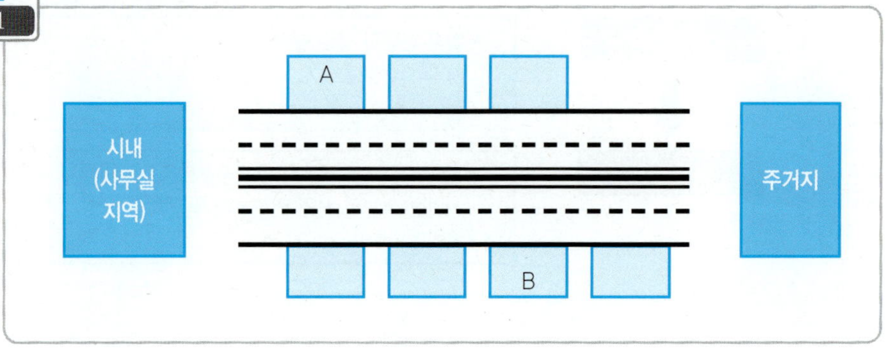

만일 "샌드위치가게"와 "호프집"을 위와 같은 상황의 A와 B의 위치에서 창업을 한다고 가정하면 어느 곳에 샌드위치가게를 열고 어느 곳에 호프집을 여는 것이 좋을 것인지 생각해 보기로 하자. 쉽게 생각할 수 있듯이, A에는 샌드위치가게가 적당하고 B에는 호프집이 적당하다. 아침에 주거지 쪽에서 사무실이 밀집해 있는 시내 쪽으로 이동하는 사람들이 더 많을 것이고 개중에 아침을 못 먹고 출근하는 사람들에게 샌드위치를 사기 위해 들르기 위해서는 B보다는 A가 편리하기 때문이다. 또한 퇴근 후 집으로 가는 길에 한잔하기에는 주거지 방향에 있는 B가 A보다 편리하기 때문이다. 위의 예는 방향성과 관련된 것으로 입지의 결정에 사람들의 통행 방향도 고려해야 함을 보여 준다.

6-1 입지 선택

입지 선택이 창업 성공의 60% 정도를 좌우한다고 보는 견해가 있을 정도로 입지 선택은 창업에 있어서 중요한 전략적 요인이다. 왜냐하면 입지 선택에 따라 경영 성과에 차이가 나기 때문이다. 입지는 최소한 투자에 대한 일정 금액 이상의 이익을 보장해 줄 수 있는 곳을 선정해야 한다. 입지 선택에 있어서 고려해야 할 요인으로는 앞에서 든 예들에서 나타난 요인들을 포함하여 개인적 고려 요인, 전략 요인, 주변 상점과의 호혜성, 재정적 고려 요인, 건물주의 성향 등을 들 수 있다.

(1) 개인적 고려 요인

창업은 창업자가 새로운 생활을 개척하고 시작하는 것이기 때문에 창업자의 개인적 생활에 상당한 영향을 미치고 이에 따른 심리적 압박도 상당히 크다. 좀 더 행복하고 좀 더 윤택한 생활을 위해 하는 창업인데 창업 후 입지 선택의 잘못으로 행복한 가정에 분란이 일어난다면 참으로 문제가 아닐 수 없다. 이러한 분란의 원인이 될 수 있는 요인은 첫째, 사업장과 주거지 사이의 거리, 둘째, 개인이 원하는 라이프스타일로 볼 수 있다. 사업장의 입지가 더할 나위 없이 좋더라도 집과 사업장을 오가는 데 걸리는 시간이 하루 3시간 이상이라면 이 입지는 재고 대상이 될 수 있다. 왜냐하면 창업 초기에는 새로운 사업에 대한 열정으로 버틸 수 있으나 시간이 지남에 따라 사람이 지치게 되기 때문이다. 물론 입지가 정말로 좋아 포기하기 어려우면 주거지를 사업장 쪽으로 이전하는 방법을 택할 수도 있다.

창업자가 창업을 택하는 중요한 이유 중 하나로 독립적인 라이프스타일을 꼽을 수 있다. 즉, 남의 지시를 받지 않고 자신의 의지에 의해 살아가고 싶다는 희망으로 창업을 택한다는 것이다. 창업자가 어떤 업종으로 창업하는가에 따라 다르긴 하겠으나 만일 선택한 업종이 쇼핑센터나 백화점 내에 위치하여야 사업이 좀 더 잘된다고 할 경우에는 창업자 자신의 독립적인 라이프스타일을 더 이상 고집하기가 어려워진다. 왜냐하면 이러한 곳에서는 영업 시간과 영업 일자를 개인 마음대로 정할 수 없게 엄격히 규제하고 있기 때문이다. 예를 들면 점포는 아침 10시에 열고 밤 10시에 닫아야 하며 주말에 상관없이 점포의 문을 열어야 한다는 등의 규칙을 지켜야 하기 때문에 개인의 사정이나 영업 상태에 따른 변화를 기대할 수 없다.

(2) 전략 요인

입지에 대한 전략 요인에는 가시성이나 접근성 등과 같이 사업 장소 자체와 관련된 요인들이 있는가 하면 사업의 독특성 또는 차별성과 같이 사업 자체의 경쟁력과 관련된 요인들이 있다. 이들을 살펴보면 다음과 같다.

① 유일성

창업자의 사업체가 해당 입지에서 유일한 것이라면 그 독특함으로 인해 고객들에게 쉽게 알려지게 된다. 이 경우에 사업체에 대한 광고를 시도하면 적은 비용으로도 높은 광고 효과를 볼 수 있다.

② 경쟁점의 유무

해당 입지에 같은 사업을 하는 업체가 있는지 살펴보아야 한다. 같은 사업을 하는 업체가 이미 존재한다면 그 지역은 되도록 피하는 것이 좋다. 물론 같은 종류의 사업을 하는 사업체들의 군집 효과는 노릴 수 있으나, 이 효과에 의한 반사이득이 없다고 본다면 기본적으로 경쟁 업체가 이미 터를 잡고 있는 곳은 피하는 것이 좋다.

③ 적정 고객

창업 업종이나 아이템에 따라 창업자가 바라는 고객층이나 고객 형태가 달라지는데 해당 입지에 이에 해당하는 고객들이 거주하는지 확인해야 한다. 예를 들면 초·중·고등학생 대상 학원 사업을 하고자 한다면 해당 입지에 사업 대상 가정이 많이 입주해 있는지 알아보아야 한다. 또한 이 지역의 거주자들의 수입 수준이나 재산 수준을 살펴보아 구매력이 있는지를 알아보아야 한다.

④ 적정성

고객 입장에서 창업자의 사업 내용이나 형태가 해당 지역에서 필요로 하고 받아들일 수 있는 사업인지를 확인해야 한다. 예를 들어 초·중·고등학교 주변 지역에서는 주류업에 관련된 사업일 경우 제한을 받는다.

⑤ 통행량

통행량은 구매와 직결될 수 있으므로 해당 입지의 통행량을 살펴보아야 하고 또한 거주 인구가 많은지를 알아보아야 한다.

⑥ 가시성

영업장의 위치는 사람들의 눈에 잘 띄는 곳이어야만 고객이 쉽게 찾아오고 잠재적인 광고 효과를 거둘 수 있다. 따라서 사업장이 시각적으로 잘 보이는 곳에 위치해 있는지 확인하여야 한다. 보편적으로 두 길이 교차되는 모퉁이가 좋으며, 큰 도로에 인접해 있어서 다른 건물에 의해 가려지지 않는 곳이 좋다.

⑦ 접근 용이성

사업장의 임대료가 싸고 가시성이 좋을지라도 드나들기에 불편하면 고객들이 외면하게 된다. 예를 들어 임대료가 저렴하다고 해서 외식업점을 엘리베이터도 없는 3층에 개점하였다고 하자. 이 경우 서비스나 음식이 다른 음식점에 비하여 웬만큼 사람들의 마음을 사로잡을 정도가 되지 않으면 고객들로부터 외면당하기 쉽다.

⑧ 주차장

요즘은 각 가정마다 자가용을 보유하고 있기 때문에 차로 움직이는 경우가 많다. 따라서 주차장 공간이 확보되어 있지 않으면 접근성이 어렵기 때문에 사업하는 데 많은 지장을 받는다. 또한 예전 같으면 외진 곳에 위치하여 사업하기 힘들었을 장소도 주차장을 완비하고 있으면 사업하는 데 문제가 없는 경우도 있다. 예를 들면, 외식업점의 경우 맛집이라는 소문만 제대로 나면 거리 불문하고 사람들이 찾아오는데 이때 주차장의 완비는 필수적이다.

(3) 주변 상점과의 호혜성

입지 선정을 할 때 주변 상점들의 영향으로 고객이 분산되는 효과가 있는지, 아니면 오히려 유인 효과가 있는지 알아볼 필요가 있다. 후자의 경우라면 좋은 입지라고 볼 수 있으나, 전자의 경우에는 적합한 입지라고 할 수 없다.

전자의 예를 들어 조용하고 우아한 찻집을 운영하고자 하는데 이웃에 자동차 수리점이 있다면 찻집의 분위기는 성립될 수 없을 것이다. 또 다른 예로 중국집과 이웃한 의류점을 생각해 보자. 음식점에서 넘어오는 기름진 음식 냄새가 옷에 배면 의류 판매는 어렵게 될 것이 자명하다.

이와 달리 후자의 예로, 의류점에 이웃하여 신발가게가 있다면 옷을 구입한 고객이 옷에 어울리는 신발을 구매할 수도 있고, 역으로 신발을 구입한 고객이 신발에 맞추어 옷을 구매할 수도 있다. 이 경우에는 서로 유인 효과를 유발시켜 호혜성이 좋다고 하겠다.

(4) 재정적 고려 요인

아무리 마음에 드는 좋은 입지라 하더라도 창업자의 재정 상황에 비추어 볼 때 임대료가 너무 비쌀 경우에는 문제가 된다. 왜냐하면 사업 초기에는 예상치 못한 비용 요구가 생길 가능성이 높기 때문이다. 따라서 이 경우에는 판매 예측과 사업 전망에 비추어서 임대료 감당 가능성을 다시 살펴보고 또한 더 저렴한 임대료로 임대할 수 있는 제3의 장소가 있는지 알아보는 수고를 마다하지 말아야 한다.

자금 조달에 관한 한 길게 생각하고 또한 자금 할당은 조심스럽게 해야 한다. 사업이란 한 달 두 달 운영으로 끝내는 단기적인 일이 아니다. 처음에 창업을 하여 사업이 본궤도에 올라 적절한 수익을 내기까지는 상당한 시일이 걸리기 때문에 이 기간 동안 끝없이 요구되는 비용 지출을 감당할 수 있도록 재정에 대한 계획을 짜야 한다. 실패한 창업자들의 대부분은 자본 운영의 실패에 기인하고 있다. 특히 사업장 선택에 많은 돈을 투입한 경우에 실패한 사례가 많음에 비추어 볼 때 너무 많은 자금을 사업장 임대에 투자하지 않는 것이 바람직하다.

(5) 건물주의 성향

처음에 창업을 하여 사업을 본궤도에 올리기까지는 상당한 시일이 걸리는 것은 누구나 아는 사실이다. 우리 주변에서도 흔히 목격되는데, 창업한 사람들 중에는 갖은 고생을 하여 사업을 본궤도에 올려놓은 지 얼마 되지 않았는데 이유 없이 갑자기 문을 닫거나 다른 곳으로 사업체를 이전하는 경우가 있다. 이때 원인의 대부분이 건물 소유주와의 문제에 있다. 즉, 건물주가 터무니없이 높은 임대료를 요구하여 사업자가 임대료를 맞출 수 없어 사업을 접거나, 사업이 잘 되는 것을 보고 —기존 사업자가 얼마나 많은 노력을 들여 현재의 성황 상태를 만들었는지는 생각하지 않고— 건물주 본인이 욕심을 내어 직접 사업을 해 보겠다는 생각으로 사업장을 임차한 사업자를 내보내는 경우가 이에 해당된다.

상가건물임대차보호법에 의하여 상가를 임대하여 사업을 할 경우에 5년간은 영업이 보장되나 그 이후의 문제는 전적으로 건물주와의 관계에 의존하기 때문에 5년 동안 어렵사리 자리 잡아 놓은 사업장을 건물주와 타협을 못하여 잃어버리는 불상사가 생기지 않게 하기 위해서는 사업장을 결정하기 전에 건물주의 성향을 잘 파악하는 것도 중요하다.

입지 선택의 6P

People: 창업자가 고객군으로 원하는 타입의 사람들이 주거하거나 일하는 지역인가?

Presentation: 상품을 잘 진열하여 보여 줄 수 있는 쇼윈도가 있는가?

Price: 해당 지역의 고객들이 창업자가 판매하는 제품에 대한 가격을 비싸게 여기지 않고 구매할 수 있는 수준인가?

Procedures: 해당 입지가 사업 운영에 어떤 영향을 미치는 지역인가? 영업시간에 제약을 주는 지역인가?

Product: 창업자의 상품들이 소비가 가능한 지역인가?

Profitability: 해당 지역에서 이윤 창출이 가능하고 또 손익분기점에 도달하는 데는 어느 정도 기간이 요구될 것인가?

6-2 입지 평가

위와 같은 입지 선택 요인에 따라서 입지를 평가하기 위해서는 각 요인에 대한 가중치를 결정한 후에 각 요인에 대한 평가 점수를 부여하여 이들의 총점을 예비 입지 각각에 대해 구하여 가장 높은 점수를 보여 주는 입지를 선택하면 된다. 이때 요인에 대한 가중치는 그 중요도에 따라 차이를 주어 결정하는데 이 차이를 예비 창업자가 결정하기는 쉽지가 않기 때문에 경험이 많은 기존 창업자나 컨설턴트들의 도움을 받아 결정하는 것이 좋다.

가중치 자체의 값은 전체 요인에 대한 상대적 가치를 나타내기 위하여 전체 요인의 가중치를 1로 하고 그 부분값을 부여할 수도 있고(예를 들면 유일성 0.2, 주차장 0.05 등), 절대적인 가중치를 부여할 수도 있다. 평가점수와 가중치 사용을 예로 들어보면 평가점수는 1~10, 가중치는 1~5를 사용하여 입지 평가표를 완성할 수 있다.

위의 입지 선택 요인을 이용한 입지 평가표의 예는 표 6-1과 표 6-2와 같다. 입지 평가 과정은 먼저 표 6-2의 전략 요인 평가표를 작성하고 이를 입지 선택 평가표의 기준에 맞추어 보정하여 환원시킨 후 표 6-1의 입지 선택 평가표에 입력하여 총점을 내도록 한다. 이러한 과정을 예상 입지 모두에 적용한 후 가장 좋은 점수가 나온 입지를 선택하도록 한다.

표 6-1 입지 선택 평가표

	평가점수	가중치	평가점수×가중치
개인적 요인	8	5	40
전략 요인	6.7*	4	27
주변 상점 호혜성	6	4	24
재정적 요인	5	5	25
건물주 성향	7	3	21
총점			133

* 174/260=0.67 → 6.7

표 6-2 전략 요인 평가표

	평가점수	가중치	평가점수×가중치
유일성	8	5	40
경쟁점	6	3	18
적정고객	5	3	15
적정성	5	2	10
통행량	8	3	24
가시성	9	3	27
접근 용이성	8	4	32
주차장	6	3	18
총점			174

6-3 상권 분석

앞 절에서 입지 선택에서 고려할 요인들을 다루었지만 실질적으로 입지 선택은 상권 분석과 병행해서 이루어져야 한다. 입지와 상권은 밀접하게 관계되어 있기 때문에 상권을 배제한 입지 선택은 있을 수 없다. 업종에 따라 적합한 입지가 다를 수 있으며 적합한 입지라도 그 입지 구성원의 특성에 따라 상권의 형성이 달라질 수 있기 때문이다.

(1) 상권 분류

상권이란 사업을 할 때 그 사업의 대상으로 하는 잠재적 소비자가 살고 있거나 일하고 있는 지리적 범주 또는 상업 집단이 고객을 유인 할 수 있는 범위를 의미한다. 상권은 소비자들의 밀도에 따라 1차 상권, 2차 상권, 3차 상권으로 구분된다. 1차 상권은 대략 고객의 60%가 거주하며 고객 1인당 판매 금액이 가장 많은 지역이고, 2차 상권은 1차 상권의 외곽에 위치하며 약 30% 정도의 고객이 거주하는 지역이며, 3차 상권은 1차, 2차 상권에 포함되지 않는 고객들이 거주하는 지역이다. 거리상으로 볼 때 1차 상권은 통상 사업장을 중심으로 반경 500m까지를, 2차 상권은 반경 1km까지를 3차 상권은 그 외곽 지역을 지칭한다. 그러나 교통수단이 발달되어 있고 거의 모든 가정에 자가용이 보급되어 있으며 대형 슈퍼마켓이나 백화점이 지역별로 진출되어 있는 오늘날은 소비자의 쇼핑 활동 범주가 점점 넓어지고 있기 때문에 상권의 분류에 대해 절대적인 의미를 부여하기가 점차 어려워지고 있다.

또한 상권은 역세권, 주택가, 대학가, 빌딩가 등으로 구분되기도 한다. 이들 상권은 각각 그 나름대로 특색을 갖고 있는데, 역세권은 유동인구가 많다는 장점을 갖고 있고, 아파트 단지를 포함한 주택가는 거주자들의 인구 밀도가 높으며, 대학가는 비교적 건전한 소비자들이 밀집한 지역이고, 빌딩가는 직장인들이 밀집되어 있으나 주말이나 휴일에는 공동화되는 지역이다.

상권 중에 어느 지역이 가장 좋은 곳인지를 정의하기는 쉽지 않다. 왜냐하면 업종에 따라 적합한 상권은 달라질 수 있기 때문이다. 상권에 따른 간단한 특징과 가능한 사업 업종은 표 6-3과 같이 분류된다.

표 6-3 상권 분류에 따른 특성과 가능한 업종

상권	특성	가능 업종
역세권	먹을거리보다는 판매업종이 유리	캐주얼 의류점, 꽃집, 스포츠용품점, 선물의 집
주택가	600~1000가구를 기준으로 상가 형성 지하나 2층보다는 1층 점포형 업종이 안정적	슈퍼마켓, 화장품점, 미용실, 치킨점, 세탁소
대학가	손쉽게 드나들 수 있는 1층 단독 점포가 유리	분식점, 커피전문점, 여성의류점, 간이주점
빌딩가	1층 단독 점포보다 건물 지하 점포가 유리 음식점 및 서비스업종이 안정적	간이식당, 커피전문점,

(2) 상권 분석

업종에 따른 적합한 입지는 어떤 곳이어야 하는가? 이 선택을 돕기 위한 방편으로 상권 분석이 요구된다. 상권 분석은 창업자가 사업장에 입점을 결정하기에 앞서 과연 이 사업장에서 사업을 할 경우에 사업 전망이 있는가를 결정하기 위한 분석을 말한다. 상권 분석은 창업자가 사업을 위한 고객을 파악하는데 결정적인 역할을 하고, 또한 사업의 범위를 결정하는 데 도움을 준다.

상권 분석은 다음과 같은 절차를 밟아 이루어진다.

① 상권 내 지역정보 수집

해당 상권 내 인구의 연령대, 주요 직업군, 소득수준, 도시계획 등에 대한 정보를 통계청, 국가통계포털, e-나라지표 등을 이용하여 수집한다.

② 상권의 상세지도 작성

해당 상권의 지도를 입수한 후 입주 아파트, 주요 건물, 관공서, 학교, 도로 등을 표기하고 필요하면 사진 촬영을 병행한다. 이때 버스 정류장, 건널목 위치, 지하철역 등을 세밀하게 표시하도록 한다.

③ 상권 배후지역 인구 특성 파악

주 소비층 또는 원하는 고객층 확보 가능성을 알아보기 위하여 배후지역 인구의 연령별 분포, 직업 및 소득 수준을 파악한다.

④ 유동인구 분석

시간대별 유동인구의 수를 연령별, 성별에 따라 나누어 파악하고 이들의 동선을 파악하도록 한다. 상권이 번성하려면 역세권과 같이 교통의 연계성이 좋아 유동인구가 많아야 한다. 그러나 이때 유동인구가 목표 고객군으로 들어맞는지를 살펴보아야 한다. 창업자의 업종과 관련 없는 사람들일 경우에는 사업에 도움이 안 되기 때문이다. 또한 유동인구가 "모이는" 유동인구인지 "흘러가는" 유동인구인지 잘 살펴봐야 한다. "흘러가는" 유동인구가 많을 경우에는 유동인구의 수가 많을지라도 사업에는 도움이 안 되기 때문이다.

이와 같이 유동인구 분석을 위해서는 많은 시간과 노력을 들여야 함은 물론 촬영장비의 도움을 받는 것도 필요하다. 그리고 유동인구를 조사하기 위해서는 유동인구 조사표가 사용된다. 유동인구 조사는 연령별, 시간대별로 나누어 조사할 수 있으며 5일에서 7일 정도를 실시하는 것이 적당하다. 일반적인 유동인구 조사표는 표 6-4와 같으나 업종에 따라 그 특색을 달리할 수도 있다. 예를 들어 시내 중심가의 요식업일 경우에는 직장인들의 점심시간대인 12시에서 1시 사이와 퇴근과 저녁식사시간대인 오후 6시에서 오후 8시 사이를 중점적으로 조사하는 것이 도움이 될 수 있다.

표 6-4 유동인구 조사표

연령 / 시간	10대		20대		30대		40대		50대		60대 이상		합계	
	남	여	남	여	남	여	남	여	남	여	남	여	남	여
08~09														
09~10														
10~11														
11~12														
12~13														
13~14														
14~15														
15~16														
16~17														
17~18														
18~19														
19~20														
20~21														
21~22														
22~23														
23~24														
합계														

⑤ 업종 분포 조사

상권 내에 같은 업종 또는 유사 업종이 얼마나 분포하고 있는지 조사하여 예상되는 경쟁 정도를 파악한다.

⑥ 입주 가능 점포 조사

상권 내에 현재 임대 및 매물로 나와 있는 점포의 보증금, 권리금, 임대료를 조사하여 입주 가능한 점포의 현황을 알아본다. 또한 이들 점포들의 이력을 알아보아 임대 및 매물로 나온 이유를 유추해 본다.

상권 분석의 일반적인 방법으로 설문조사와 현황조사 등을 사용할 수 있다. 이들 방법은 조사자의 직접적인 관찰을 요구하므로 개인이 모두 하자면 상당한 노력과 시간이 들고 상당한 노력과 시간을 투자한다고 해도 자료를 분석하는 것이 쉽지 않다.

다행스럽게도 상권 분석에 용이한 프로그램이 있다. 즉, 중소기업청에서 제공하는 상권정보시스템이 바로 그것이다. 중소기업청 상권정보시스템은 선택한 창업 예정 지역별로 경쟁업소 현황, 인구 구성, 주거 형태 등 총 49종의 정보를 제공해 주고 있다.

상권정보시스템에서 제공하는 정보

01 **선택한 창업예정 지역별로 경쟁업소 현황, 인구구성, 주거형태 등 총49종의 정보를 제공받을 수 있다.**

- 897개 세부 업종별로 상권 내 동종 · 경쟁업소 점포의 개수 · 위치 · 연도별 증감추이 등 점포정보
- 상권 내 연령별 · 성별 인구, 직업 · 직종 분포, 주거형태 등 인구정보, 아파트 · 관공서 · 금융 · 교통 · 문화 · 의료기관 등 주요시설 정보 등
- 분식업, 슈퍼마켓, 미용실 등 경쟁이 심한 50개 업종에 대한 밀집정보

02 **전국 62개 소상공인지원센터(분소 포함) 300명의 창업 · 경영상담사가 조사 · 분석한 상권 관련 정보들을 제공받을 수 있다.**

- 전국 주요 1,200개 상권특성 및 유동인구 정보를 담고 있는 상권조사보고서, 상권 · 입지분석 컨설팅 사례, 우수지원사례 등

(3) 상권정보시스템

지금부터 중소기업청에서 제공하는 상권정보시스템 사용 방법을 살펴보도록

하자. 웹사이트 주소 http://sg.kmdc.or.kr에 접속하여 중소기업청 상권정보시스템에 접근하면 그림 6-2와 같은 메인화면을 보여 준다.

그림 6-2 상권정보시스템

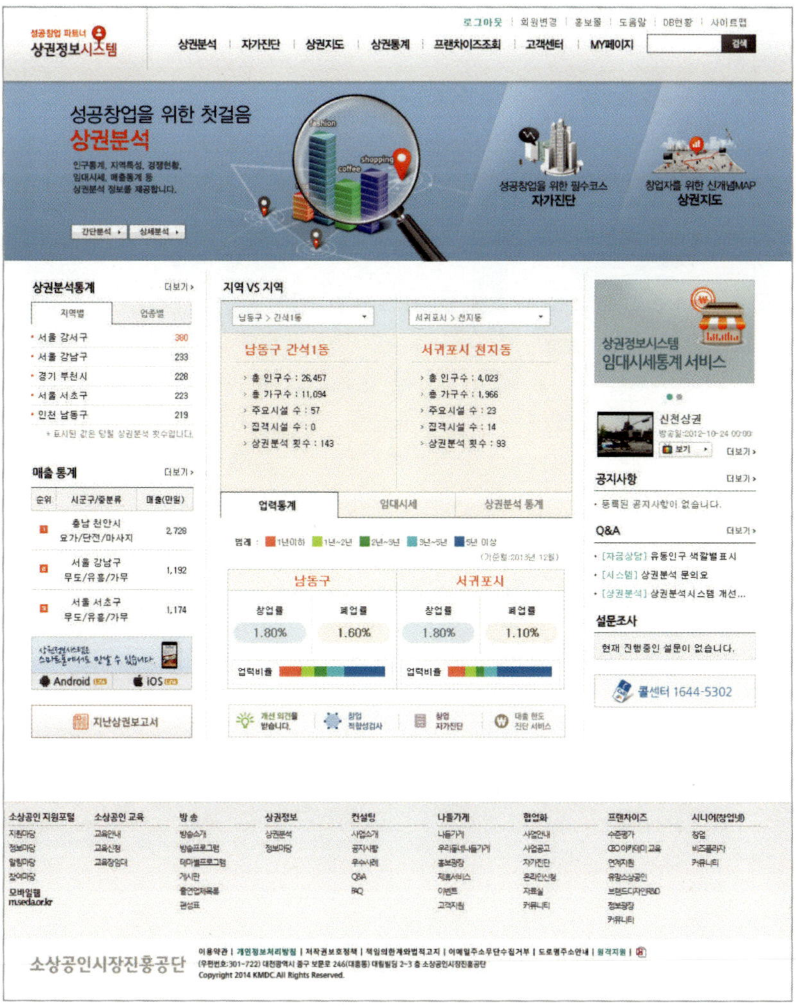

그림 6-2에서 로그인을 하고, 상권분석 메뉴 중 간단분석을 선택한 후 나타나는 화면에서 분석을 원하는 지역을 선택하여(예를 들어, 서울, 마포구, 서교동) '이동'을 클릭하면 그림 6-3과 같이 해당 지역의 지도가 나타난다.

그림 6-3 상권정보시스템의 선택지역

그림 6-3 의 지도에 상권그리기를 이용하여 해당 지역의 상권 범위를 그리면 그림 6-4 와 같이 상권을 표시할 수 있다. 이 상권은 제1, 제2, 제3 상권까지 표시할 수 있으나 본 분석에서는 제1상권 하나만을 다루도록 한다.

그림 6-4 상권정보시스템의 제1상권

그림 6-4 의 업종선택하기에서 대분류, 중분류, 소분류를 각각 선택하고(예를 들어 음식, 한식, 한식/백반/한정식) '상권분석하기'를 클릭하면 단순상권분석 결과로 개요, 업종분석, 매출분석 및 인구/지역분석을 보여 준다.

그림 6-5는 선택 업종의 개요로 면적, 가구수, 인구수 및 상가/업소수 등의 내용을 보여 준다. 해당 상권의 가구수는 22,150가구이고, 주거 인구수는 42,622명, 직장 인구수는 50,282명, 전체 상가/업소수는 3,322개소임을 알 수 있다.

그림 6-5 선택 업종의 개요

그림 6-6은 선택 업종의 업종분석 결과로 선택 업종의 추이와 그 업종이 속한 행정구역별 추이를 보여 준다.

그림 6-6 선택 업종의 업종분석

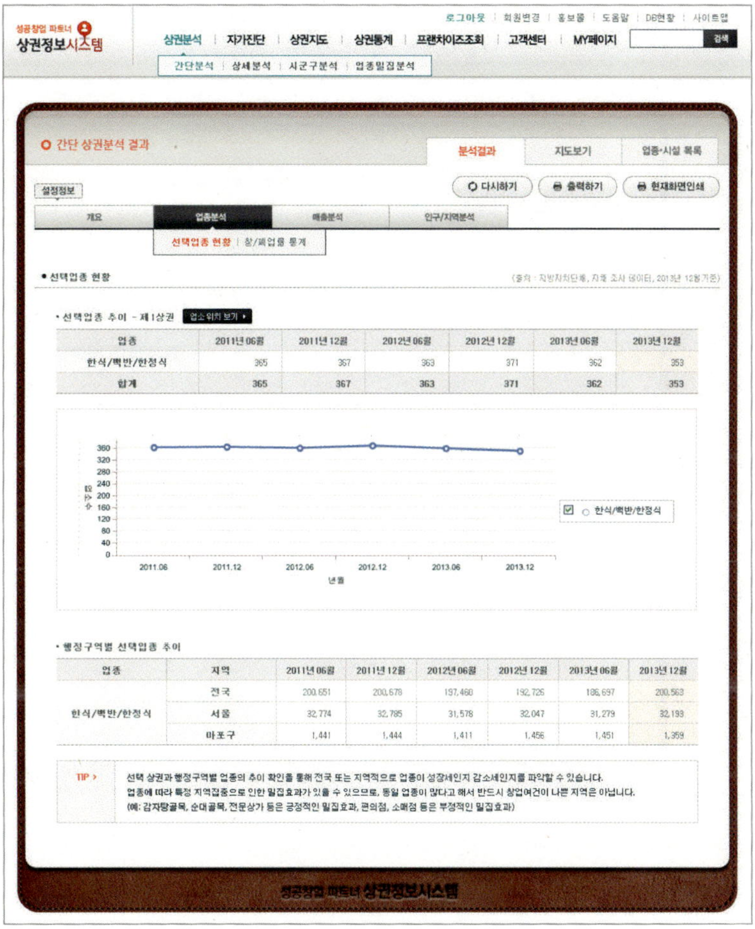

그림 6-6에서 '업소위치보기'를 클릭하면 그림 6-7과 같이 선택 업종의 업소목록이 나타난다.

그림 6-7 선택 상권의 선택 업종 업소목록

그림 6-7의 '선택업종 상세목록'에 있는 업소 중에 관심 있는 업소들을 선택하고 '선택지도 보기'를 클릭하면 그림 6-8과 같이 그 업소의 위치가 포함된 상권지도를 볼 수 있다. 이 상권지도를 통하여 선택 상권의 한식/백반/한정식 업소들의 분포를 살펴보고 앞으로 어느 위치에 입주하는 것이 좋을지를 생각할 수 있다.

그림 6-8 선택 상권의 유사 업소 위치

그림 6-9는 선택 업종의 매출분석 결과로 월평균 매출액과 건당 매출액에 대하여 주변 지역의 유사 상권과의 비교를 보여 준다. 만일 주변 지역의 유사 상권과 차이가 크다면 해당 지역의 입주를 다시 고려해 볼 수 있다.

그림 6-9 선택 상권의 월평균 매출액과 건당 매출액

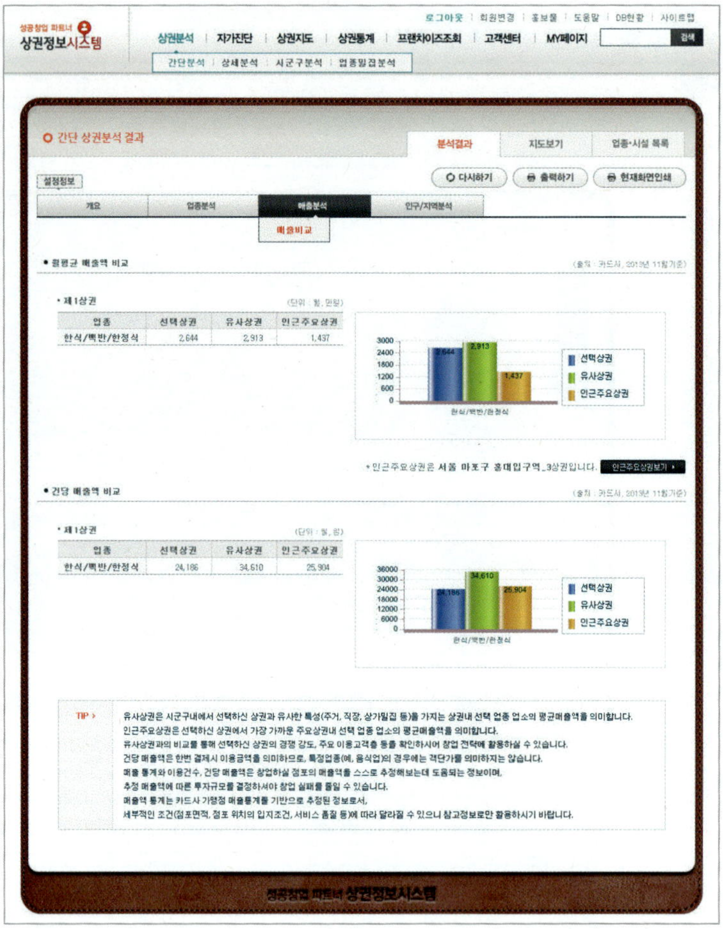

선택 업종의 인구/지역분석 결과는 주거인구의 연령대별 인구수 (그림 6-10)를 포함하여 주말유동인구현황(그림6-11)과 주중유동인구현황(그림6-12)를 보여준다.

그림 6-10 주거인구의 연령대별 인구수

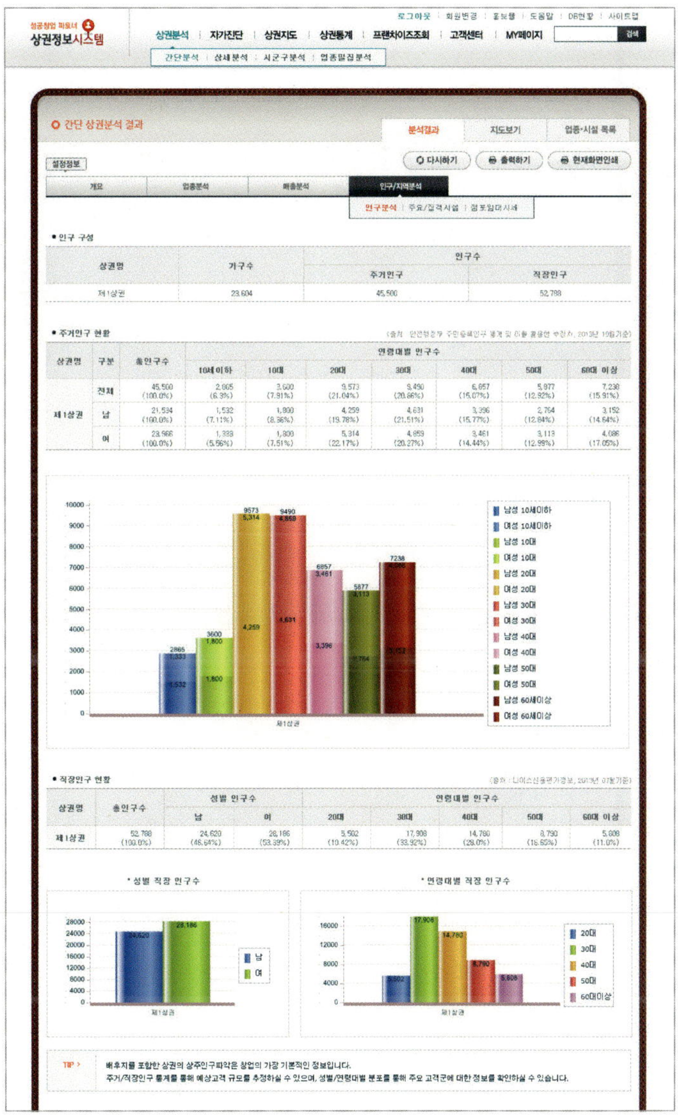

그림 6-11 주말 유동인구 현황

• 유동인구 현황

* 주말

(출처 : 소상공인진흥원, 2010년 12월기준)

조사지점	A지점									
조사일자	2010-07-03, 날씨 : 맑음									
조사시간	남자					여자				
	10대	20대	30대	40대	50대 이상	10대	20대	30대	40대	50대 이상
12시 ~ 13시까지	88	1,245	388	189	167	121	1,434	431	203	183
18시 ~ 19시까지	118	1,476	398	314	296	144	1,773	421	333	311

조사지점	A지점									
조사일자	2010-07-10, 날씨 : 맑음									
조사시간	남자					여자				
	10대	20대	30대	40대	50대 이상	10대	20대	30대	40대	50대 이상
12시 ~ 13시까지	123	454	211	178	157	166	423	269	182	170
18시 ~ 19시까지	118	466	276	187	133	144	458	288	196	165

조사지점	A지점									
조사일자	2010-10-17, 날씨 : 흐림									
조사시간	남자					여자				
	10대	20대	30대	40대	50대 이상	10대	20대	30대	40대	50대 이상
12시 ~ 13시까지	89	283	192	192	139	131	325	163	211	192
18시 ~ 19시까지	128	323	288	124	289	142	476	232	341	321

조사지점	A지점									
조사일자	2010-10-23, 날씨 : 흐림									
조사시간	남자					여자				
	10대	20대	30대	40대	50대 이상	10대	20대	30대	40대	50대 이상
12시 ~ 13시까지	113	471	224	188	167	176	432	260	192	177
18시 ~ 19시까지	128	476	285	193	135	154	468	298	201	174

조사지점	B지점									
조사일자	2010-07-03, 날씨 : 맑음									
조사시간	남자					여자				
	10대	20대	30대	40대	50대 이상	10대	20대	30대	40대	50대 이상
12시 ~ 13시까지	56	642	88	45	41	128	767	98	64	55
18시 ~ 19시까지	93	798	173	102	65	146	1,123	211	118	89

조사지점	B지점									
조사일자	2010-07-10, 날씨 : 맑음									
조사시간	남자					여자				
	10대	20대	30대	40대	50대 이상	10대	20대	30대	40대	50대 이상
12시 ~ 13시까지	18	96	36	25	42	19	150	72	36	12
18시 ~ 19시까지	18	223	54	25	48	42	76	126	24	60

조사지점	B지점									
조사일자	2010-10-17, 날씨 : 흐림									
조사시간	남자					여자				
	10대	20대	30대	40대	50대 이상	10대	20대	30대	40대	50대 이상
12시 ~ 13시까지	59	232	89	43	45	137	365	102	63	58
18시 ~ 19시까지	97	391	182	109	67	151	412	225	129	93

조사지점	B지점									
조사일자	2010-10-23, 날씨 : 흐림									
조사시간	남자					여자				
	10대	20대	30대	40대	50대 이상	10대	20대	30대	40대	50대 이상
12시 ~ 13시까지	19	101	30	29	45	22	140	90	45	22
18시 ~ 19시까지	20	233	64	31	55	48	89	131	34	71

그림 6-12 주중 유동인구 현황

• 주중 (출처 : 소상공인진흥원, 2010년 12월기준)

조사지점	A지점									
조사일자	2010-07-05, 날씨 : 맑음									
조사시간	남자					여자				
	10대	20대	30대	40대	50대이상	10대	20대	30대	40대	50대이상
12시 ~ 13시까지	49	636	191	163	159	63	651	197	170	166
18시 ~ 19시까지	93	1,271	383	305	291	126	1,320	396	325	316

조사지점	A지점									
조사일자	2010-07-12, 날씨 : 맑음									
조사시간	남자					여자				
	10대	20대	30대	40대	50대이상	10대	20대	30대	40대	50대이상
12시 ~ 13시까지	48	337	288	173	133	55	378	312	154	156
18시 ~ 19시까지	98	579	278	209	291	143	633	298	237	316

조사지점	A지점									
조사일자	2010-11-02, 날씨 : 흐림									
조사시간	남자					여자				
	10대	20대	30대	40대	50대이상	10대	20대	30대	40대	50대이상
12시 ~ 13시까지	51	221	182	173	171	69	361	201	182	176
18시 ~ 19시까지	95	337	395	311	289	151	429	402	336	327

조사지점	A지점									
조사일자	2010-11-04, 날씨 : 흐림									
조사시간	남자					여자				
	10대	20대	30대	40대	50대이상	10대	20대	30대	40대	50대이상
12시 ~ 13시까지	52	340	298	181	142	59	387	342	162	164
18시 ~ 19시까지	101	569	282	211	289	153	642	305	246	331

조사지점	B지점									
조사일자	2010-07-05, 날씨 : 맑음									
조사시간	남자					여자				
	10대	20대	30대	40대	50대이상	10대	20대	30대	40대	50대이상
12시 ~ 13시까지	18	249	33	28	12	40	353	37	12	14
18시 ~ 19시까지	32	498	71	48	25	89	715	97	56	29

조사지점	B지점									
조사일자	2010-07-12, 날씨 : 맑음									
조사시간	남자					여자				
	10대	20대	30대	40대	50대이상	10대	20대	30대	40대	50대이상
12시 ~ 13시까지	7	36	90	60	36	6	120	36	12	7
18시 ~ 19시까지	24	132	150	60	49	43	198	96	37	30

조사지점	B지점									
조사일자	2010-11-02, 날씨 : 흐림									
조사시간	남자					여자				
	10대	20대	30대	40대	50대이상	10대	20대	30대	40대	50대이상
12시 ~ 13시까지	19	269	37	31	15	44	263	39	16	18
18시 ~ 19시까지	34	321	79	51	28	92	431	104	73	33

조사지점	B지점									
조사일자	2010-11-04, 날씨 : 흐림									
조사시간	남자					여자				
	10대	20대	30대	40대	50대이상	10대	20대	30대	40대	50대이상
12시 ~ 13시까지	9	38	94	65	32	10	144	39	18	8
18시 ~ 19시까지	25	188	145	64	48	52	204	99	30	38

성공창업 파트너 상권정보시스템

그림 6-13 선택 상권의 업종별 평균매출

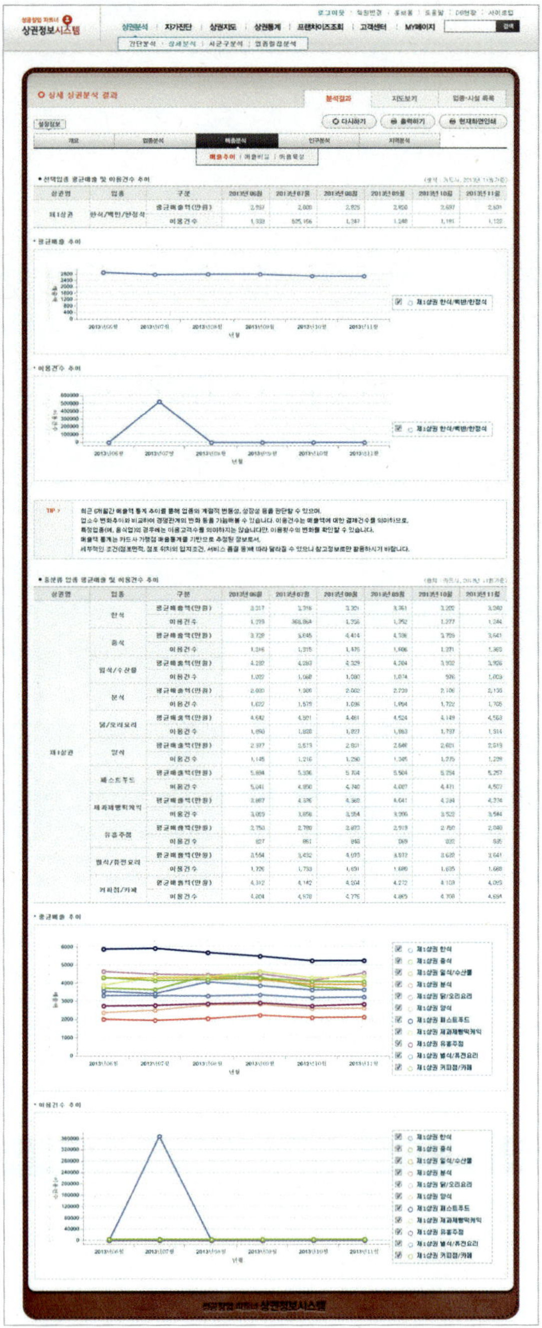

선택한 상권 범위의 선택 업종의 인구 구성을 보면 주거인구의 경우에는 20대와 30대 인구가 가장 많으나 직장인구의 경우에는 20대보다 30대와 40대가 더 많은 것으로 나타났다. 따라서 창업자는 이를 참고하고 창업자가 목표로 하는 주거인구와 직장인구의 주 연령대를 고려하여 창업자의 사업에 적합한 지역인지를 판단할 수 있다.

그림 6-13 은 그림 6-9 의 단순상권분석과 달리 상세분석을 통한 매출액 분석을 보여 준다. 이 그림에서는 분석을 위해 선택한 한식업종 대비 다른 업종들의 평균매출액 추이를 알 수 있는데, 선택 상권에서 상대적으로 매출액이 큰 업종이 무엇인지 알 수 있기 때문에 단순히 매출액만으로 업종 선택을 한 것이라면 업종 선택의 변경에도 도움이 될 수 있다.

중소기업청 상권정보시스템을 이용하면 위와 같은 정보를 얻을 수 있기 때문에 창업자가 원하는 업종에 대한 상권 분석을 하는 데 상당히 도움이 된다. 그러나 창업의 입지나 상권을 선택하는 데 있어서 가장 중요한 것은 창업자가 현장을 직접 느껴 보아야 한다는 것이기 때문에 중소기업청 상권정보시스템으로부터 얻은 자료를 바탕으로 실질적인 조사를 행하는 것이 바람직하다. 창업은 발로 뛰면서 하는 것이지 책상 앞에 앉아서 할 수 있는 것이 아니기 때문이다.

익힘문제

1. 입지 선택이 중요한 이유는 무엇인가?
2. 입지 선택에서 고려해야 할 요인은 무엇인가?
3. 전략 요인에 속하는 요인으로는 어떠한 것이 있는가?
4. 상권 분석이 필요한 이유는 무엇인가?
5. 상권 분석을 하는 절차에 대하여 기술하라.
6. 상권정보 시스템을 통하여 알 수 있는 정보는 무엇인가?

창업 Topic

업종별 입지 전략

창업시장에서 업종은 크게 외식업, 유통판매업, 서비스업 3가지로 분류한다.

상권을 형성하고 있는 지역을 보면 이들 업종이 세분화되어 뒤죽박죽 혼재되어 있는 상태로 각기 영업을 하고 있는 것처럼 보이지만 업종별 나름대로의 자기 자리는 따로 있다. 업종별로 적합입지에 대한 보이지 않는 룰이 있다는 얘기다.

대로변이나 상권의 초입, 유동인구가 흘러들어 가는 메인라인엔 편의점이나 의류, 엑세서리, 휴대폰 대리점, 화장품 전문점 등 유통판매업종이 여지없이 눈에 가장 많이 띄고 대로변에서 한 블록 들어간 이면도로나 메인라인에서 뻗어 나가는 줄기라인에서부터 외식업종이 자리를 잡는다. 지하나 2,3층 점포에서는 노래방, 피씨방, 피부관리실 등 서비스업종이 자리를 잡고 고객을 유인한다. 웬만한 상권에서는 이러한 패턴이 기본을 이룬다. 왜일까?

예를 들어 보자. 여름옷을 사기 위해 옷가게에 들어선 한 여성이 옷을 고른다. 디자인, 색상, 바느질 등 꼼꼼히 살펴보며 몸에 대어 보기도 하고 입어 보기도 하고 종업원의 설명을 들으며 둘러보지만 이내 종업원의 따가운 눈초리를 뒤로한 채 '다른 데도 돌아보고 올게요' 하며 점포를 나선다. 다른 점포에 들러서도 마찬가지다. 이처럼 대부분의 유통판매업종은 고객이 내점을 해서 상품에 대해 충분히 살펴보고 내심 마음에 들었더라도 바로 구매로 이어지지 않는 경우가 많다. 구경만 실컷 한 채 안 사고 나와도 그만이라는 얘기다. 휴대폰 대리점에서도, 엑세서리 전문점에서도 마찬가지 모습이 보인다. 즉, 유통판매업종은 내점고객 대비 구매 비율이 5~10%선에 그친다. 따라서 가능한 많은 고객이 내점을 해야 하고 그래야 하나라도 더 팔 수가 있다. 그렇기 때문에 눈에 잘 띄고 유동인구가 많은 대로변, 상권의 초입에 입점해야 하는 것이다.

외식업종은 어떨까? 점심시간에 동료와 식사를 하기 위해 식당들이 즐비한 골목길을 찾았다. 왼쪽엔 설렁탕집, 오른쪽엔 국밥집이 있다. 무얼 먹을까 고민하다 이내 설렁탕집에 들어선다. 이들은 점포에 들어선 이상 이미 구매 결정은 끝난 상태나 다름없다. 고객의 주문에 따라 조리되어 내어지는 상품이기 때문에 특별한 사유가 없는 한 반품도 없다. 예를 들어 설렁탕이 테이블에 내어져 첫술을 들었는데 맛이 형편없다, 맛없다는 이유로 돈 안 내고 나올 수 있겠는가? 첫술 뜨고 자리에서 일어난다 해도 돈은 지불해야 한다. 다시 그 점포를 찾지는 않겠지만 말이다. 즉, 유통판매업종과 달리 외식업종은 내점고객 대비 구매 비율이 90% 이상이다. 따라서 굳이 유동인구가 많고 임대료가 비싼 대로변이나 상권의 초입 등에 입점할 필요 없이 다소 점포비용이 저렴한 이면도로나 메인도로의 줄기라인에 입점해도 된다는 얘기다.

서비스업종도 마찬가지다. 예를 들어 파마를 하기 위해 새로 생긴 헤어숍을 찾았는데 내 마음에 들게 머리를 해 줄지 어떨지 모르겠다. 서비스를 받아 봐야 알 것이다. 결과적으로 머리 모양이 마음에 들건 안 들건 서비스를 받은 이상 돈은 지불해야 한다. 노래방이나 피씨방, 피부관리실 등과 같은 서비스업종들도 같은 맥락에서 보면 된다. 즉, 외식업종에 비해 다소 떨어지기는 하지만 서비스업종도 내점고객 대비 구매 비율은 70~80%에 육박한다. 따라서 지하나 지상 2,3층에 입점해도 충분한 매출이 가능하다. 다만 가시성, 접근성 등 고객 유인이 효과적이어야 유리하기 때문에 주 유동인구의 동선상 상권의 초입이나 메인라인의 건물에 자리 잡는 편이다.

이와 같이 고객들의 업종별 구매 패턴이나 구매 비율에 의해서 업종 나름의 적합입지라인이 형성되기도 하지만 보다 근본적으로는 내점고객의 회전율에 의한 영향이 가장 크다.

유통판매업종의 경우 고객이 내점해서 머무는 시간이 비교적 짧다. 물론 적극적 구매의사를 갖고 상품을 꼼꼼히 살핀다면 점내에 머무는 시간이 다소 길 수 있다 하더라도 다른 고객들이 얼마든지 동시에 드나들 수 있다. 5평짜리 소형 점포에서도 하루에 수백명 이상 점포 내 고객 회전이 가능하다는 얘기다.

그러나 외식업종의 경우는 다르다. 고객이 내점해서 음식을 주문하고, 주문한 음식이 나와 먹고 일어서기까지 보통 30분 이상은 걸린다. 따라서 30평 이상의 점포에 테이블이 15개 있다고 가정하고 테이블당 4명씩 60명이 동시에 점심시간에 들어와 자리를 차지하고 있다면 아무리 넓은 점포라고 하더라도 더 이상 추가고객을 받기가 힘들다. 즉, 한정된 시간 동안 고객의 회전율에 한계가 있다는 얘기다. 수백, 수천명이 내 점포 앞을 지나다니면 뭐하겠는가? 내 점포에서 받아들일 수 있는 고객은 한정적일 수밖에 없는데. 따라서 굳이 유동인구가 많은 대로변 또는 메인라인에 입점할 필요가 없다. 물론 예외는 있다. 외식업종 중에서도 패스트푸드나 테이크아웃 전문점, 테이크아웃이 가능한 분식점 등은 대로변이나 메인라인에서 심심치 않게 볼 수 있다. 이러한 외식업 아이템들이 대로변이나 메인라인에 입점할 수 있는 것은 충분히 빠른 고객회전이 가능하기 때문이다.

서비스업종의 경우도 마찬가지인데, 이용시간에 따라 비용이 지불되는 노래방이나 피씨방, DVD방 등은 아무리 많은 고객이 들어온다고 해도 받아 낼 수 있는 고객은 한정적일 수밖에 없다. 따라서 이들 아이템들도 임대료가 비싼 대로변 또는 메인라인의 1층에서 찾기가 힘들다.

위와 같은 이유들로 인해 상권 내 업종 구성은 자연스레 자신의 위치를 찾는다. 이러한 업종의 배치가 안정적이라면 그 상권은 비교적 안정된 모습으로 고객을 확보, 유지해 나간다.

물론 이러한 상권 내 업종 구성을 맹신해서는 안 된다. 상권의 규모, 상권 내 고객들의 소비 수준에 따라서 함정이 있는 경우도 많다.

서울의 강남역 상권이나 명동 상권 등 초대형 상권의 경우 대로변이나 메인라인에는 기업의 대표적인 브랜드 매장이 많다. 대부분 유통판매업종이다. 당연히 엄청난 유동인구를 자랑하고 점포의 임대료 또한 상상을 초월할 정도로 비싸다. 개인이 점포를 얻어 장사를 하기엔 그림의 떡일 수 있다는 얘기다. 그렇다면 엄청난 비용을 들인 기업의 브랜드 매장이라고 해서 충분한 매출과 수익을 올리고 있을까? 빛 좋은 개살구인 경우가 많다. 기업에서 이런 대형 상권의 대로변, 메인라인에 직영매장을 운영하는 이유는 매장의 매출보다는 브랜드 홍보를 노린 전시매장 개념으로 보는 게 오히려 타당할 것이다. 월 수천만원에 달하는 임대료와 십수명의 인건비를 감당하려면 도대체 얼마나 많은 의류와 구두를 팔아야 할까? 개인 창업자라면 한두달도 못 버티고 두 손 들지도 모를 일이다.

수도권의 예를 들면 성남의 신흥역 상권은 지하철 개통 후 기존의 모란시장 상권을 밀어내고 성남의 대표적 상권으로 올라섰다. 엄청난 유동인구를 자랑함은 두말할 나위가 없다. 그러나 한편으로 이곳은 누구나 알 만한 대표적인 브랜드들의 무덤이기도 하다. 엄청난 유동인구에 비해 고객들의 연령대가 낮고 소비 수준이 높지 않은 고객들이 대부분으로 사람수만 보고 입점했을 경우 기대 이상의 매출은커녕 폐점 또는 업종 전환이 빈번하게 나타난다.

대표적 치킨 패스트푸드점인 K패스트푸드점의 경우 신흥역 상권의 가장 메인이며 상권의 초입에 입점했으나 얼마 못 가 폐점하고 말았다. 지근거리에 있던 경쟁사인 L패스트푸드점 역시 동반 폐점의 길을 걸었다. 이는 상권의 규모, 사람수에 의한 판단만으로 출점했을 경우 얼마나 위험할 수 있는지를 보여 주는 사례라 할 수 있다. 그들의 소비 패턴, 소비 수준, 지역적 특성 등을 간과한 결과로 볼 수 있다.

상권을 움직이는 것은 사람이다. 또 상권 내 업종들은 나름대로의 입지적 룰을 가지고 있다. 누군가 인위적으로 만든 규칙은 아닐 것이다. 고객들의 욕구, 소비에 따라 자연적으로 형성된 규칙이다. 외형적으로 보이는 상권의 규모, 모습에 현혹되지 말고 또한 사람의 많고 적음으로 상권을 판단하지 말자. 상권을 제대로 알고 적합한 입지의 선정이나 출점 전략을 세우기 위해서는 그 속으로 들어가 소비자가 되라. 소비자의 입장에서 소비욕구, 구매심리가 작용하는 자리가 어디인지 판단하자. 그래야 고객의 지갑을 열게 할 수 있다.

(창업피아 이홍구 대표, 열린창업신문(http://www.rgnews.co.kr), 2013.7)

해수욕장 상권에 피자가게 오픈했다가 권리금도 못 챙겼다

여름철이면 가장 호황을 누리는 상권 중 하나가 해수욕장이다. 김경민(48세)씨는 2년 전, 서울에서 편의점을 운영하다가 정리를 하고 무슨 사업을 할까를 고민했다. 여름철을 앞둔 시점이라서 새롭게 사업을 하는 것도 부담스러웠다. 그런데 지인으로부터 솔깃한 사업 제안을 받게 된다. 그가 잘 아는 분이 동해안의 한 해수욕장 상권에서 상가를 새로 지었는데 비교적 저렴한 비용으로 창업을 할 수 있다는 얘기였다. 동해안 해수욕장의 경우 연간 방문객수만 수백만명에 이르는데 그곳에 위치한 상가이기 때문에 상권이 좋다는 얘기만 믿고 김경민씨는 동해안으로 달려갔다. 상가는 보증금 3000만원에 월임대료 85만원의 1층 20평짜리였다. 배후상권을 조사해 본 결과 해수욕장과 300미터 정도 떨어져 있었으며, 인근 1.5킬로미터 지점에는 또 다른 해수욕장도 자리하고 있었다. 무엇보다도 보증금 3000만원에 권리금 없이 최소 비용의 시설투자금액만 있다면 창업이 가능한 상태였다. 김씨는 서울에서 새롭게 사업하기도 마땅치 않고, 많은 비용이 들지 않겠다는 것 때문에 동해안 해수욕장 상권에서 창업을 결정했다. 아이템은 해수욕장 수요층에 맞는 피자가게로 하고, 창업 방법은 친구와 함께 동업하기로 했다. 구체적으로, 창업비용 1억원 중 친구와 50%씩 투자해서 피자체인점을 오픈하기로 결정하고 체인본사를 물색해서 하나의 브랜드를 결정하였다.

6월 초에 오픈했기 때문에 본격적인 휴가철만 오기만을 학수고대했다. 7월이 되면서부터 본격적으로 관광객이 몰려들기 시작했다. 하지만 뭔가 불길한 생각이 들기 시작했다. 가게가 해수욕장에서 300미터 정도 떨어져 있는 데다 관광객들이 진입하는 주 진입

로에서도 멀어서 충동구매를 하는 차량들이 많지 않다는 사실을 깨달았던 것이다. 하는 수 없이 친구와 함께 전단지를 2만장 이상을 제작해서 해수욕장 방문객들을 일일이 찾아 다니면서 배달매출 올리기에 혼신의 힘을 들였다. 엎친 데 덮친 격으로 그해 여름은 비오는 날이 많아서 관광객이 예년의 70%에 그쳤다고 하였다. 그렇게 7월과 8월 성수기를 보냈으나 월 매출액은 고작 800만원 정도였다. 그리고 원가 40%와 임대료 85만원, 기타 경비를 제외하고 나니까 월 순익은 300만원도 남지 않았다. 1인당 순이익이 150만원에 불과했던 것이다. 더욱이 9월부터 비수기에 접어들면서 매출액은 절반 이하로 뚝 떨어졌다. 김경민 씨는 해수욕장 상권에서 2개월 영업 후 시설권리금 6000만원도 전혀 받지 못하고 사업을 접을 수밖에 없었다. 친구의 말만 믿고 생소한 해수욕장 상권에 들어갔다가 또 한 번의 고배를 마신 셈이다.

No	실패원인	분석
1	해수욕장 상권의 명암을 정확히 파악하지 못했다.	해수욕장 상권하면 여름 한철 2개월만 사업해도 대박을 칠 수 있는 상권으로 오해되기도 한다. 특히 대형 해수욕장의 경우 영업권에 대한 권리금만도 거액이 형성되기도 한다. 하지만 해수욕장 상권에서 가장 큰 문제는 여름 한철 2개월로 나머지 10개월을 버텨야 한다는 점이다. 김경민 씨는 해수욕장 성수기만 생각하고 비수기를 고려하지 않은 점이 실패의 한 원인이다.
2	해수욕장 상권에서 정확한 상권입지 분석이 이루어지지 못했다.	해수욕장 상권 등 관광지 상권은 연간 방문객수에 따라서 명암이 엇갈린다. 해수욕장 상권의 경우 최소한 500만명 이상 관광객이 몰려야 하며, 동일 상권 내에서의 점포 입지 경쟁력이 아주 중요하다. 김경민 씨의 경우 외형 상권의 상세력은 큰 문제가 없었으나 전적으로 배달에 의존해야 하는 사각지대에 위치한 점포라는 점이 실패를 부른 또 다른 원인으로 작용했다.
3	친구의 말만 믿고 별 생각 없이 동업 형태의 창업이 실패를 부른 한 원인이다.	동업으로 인한 사업의 위험성은 늘 상존하기 마련이다. 동업의 원칙을 정하고 정확한 동업계약서를 작성해야 한다. 투자금액과 각자의 역할과 책임에 따른 지분 설정이 필요하다. 김경민 씨의 경우 친한 친구 사이라는 것만 믿고 서로의 전문성을 도외시한 채 무턱대고 동업 형태의 창업을 기획한 것이 실패를 불렀다.
4	해수욕장 상권에 맞는 아이템 선정 및 인터넷마케팅에 소홀했던 것이 실패의 원인으로 작용했다.	해수욕장 상권에 맞는 창업 아이템을 찾는 것이 아주 중요하다. 해수욕장 상권에서는 이동식 판매, 홀 판매 등의 판매 방식을 잘 고려해야 한다. 김씨는 입지경쟁력의 한계로 배달에만 치중했다는 점이 매출 부진의 한 원인으로 작용했다. 또한 홍보 방법에서도 초보 수준을 벗어나지 못했다. 다른 경쟁점들이 인터넷마케팅에 집중했지만 김씨의 경우 인터넷마케팅을 도외시한 것 또한 사업 실패의 한 원인이었다.

(여름철 실패 스토리, 현대카드 현대캐피탈 MY BUSINESS, 2013.7.12)

제 7 장

설계단계 II: 사업타당성 분석

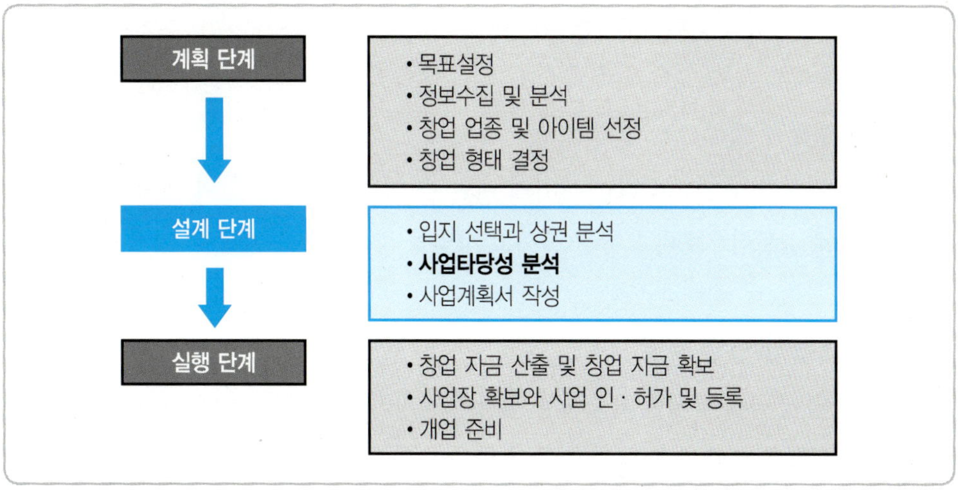

사업타당성 분석은 창업자가 창업하고자 하는 사업의 타당성 여부를 사전에 조사, 분석, 검토하여 창업의 사업 가능성 여부를 결정하는 데 필요한 기초자료를 마련하기 위한 것이다. 성공적인 창업을 위해 업종과 아이템을 선정하고 이에 알맞은 입지와 상권을 선정하기 위하여 많은 노력과 시간을 쏟았더라도 금전적인 투자를 하여 실질적인 이득을 얻고 보람을 얻을 수 없다면 창업에 대한 전반적인 계획을 바꾸어야 한다. 자신이 바라는 정도의 이윤을 목표로 창업을 하는데 목표 달성이 불가능할 것이라는 판단이 내려지면 더 이상 지속할 필요가 없기 때문이다.

7-1 사업타당성 분석의 필요성

사업타당성 분석은 실질적으로 금전적인 투자가 이루어지기 전에 사업의 성공 또는 실패 가능성을 가늠하여 창업자 자신과 재산을 보호하기 위한 조치이다. 따라서 사업타당성 분석은 창업에 앞서 반드시 행해져야 하는 중요한 과정으로서 그 필요성을 정리하면 다음과 같다.

① 창업의 성공률 제고

창업자가 구상하고 있는 사업에 대한 주관적인 판단을 좀 더 체계적이고 객관적으로 검토함으로써 오류를 줄이고 사업을 성공적으로 이끌 수 있게 한다.

② 효율적인 창업 업무 수행

창업에 필요한 제반 요소들을 정확하게 파악하여 창업 기간의 단축 및 업무의 효율성을 기대할 수 있다.

③ 창업자의 경영 능력 향상

창업에 선정된 아이템에 대한 시장성이나 경제성 분석 등을 통하여 시장 공략 전략을 검토하고 수정하는 등의 과정을 거치면서 창업자의 경영 능력 향상을 기대할 수 있다.

그러나 사업타당성 분석은 어디까지나 추정치에 의하기 때문에 그 추정치 산출이 어려운 만큼 오류도 클 수 있기 때문에 절대적인 판단 자료로서 사용하기에는 부족하다. 따라서 분석의 기초 자료가 마련되면 창업 컨설턴트나 기존 사업자들에게 사업타당성에 대한 조언이나 평가를 구하면 좀 더 신빙성 있는 결과를 얻을 수 있다.

사업타당성 검토를 위해 분석해야 할 항목을 사업성 평가 요소라고 하는데 검토 목적에 따라 요소의 내용은 다소 차이가 난다. 일반적으로 소규모 창업을 위한 사업타당성 분석은 사업 수행 능력의 적합성 평가, 시장성 분석, 경제성 분석, 자금 수지 및 성장성 분석 등을 시행하며, 생산 및 제조 관련 창업일 경우에는 기술적 타당성 분석을 추가하여 시행한다.

7-2 사업 수행 능력의 적합성 평가

사업 수행 능력의 적합성 평가는 창업자가 경영자로서 갖추어야 할 적성, 자질, 사업 수행 능력, 영업력, 기획 능력, 상황 판단력 등을 제대로 갖추고 있는지를 평가하는 것이다. 이 평가는 모험심, 리더십, 의지력 등과 같은 창업자의 선천적 자질과, 교육과 사회생활을 통한 경험 등으로 얻은 후천적 자질로 나누어 시행될 수 있다. 그러나 이 평가의 결과를 놓고 창업을 할지 말지를 결정하는 것은 상당히 어렵고 단지 창업자 자신에 대한 참고 자료로 사용하는 것이 좋을 것이다. 이 평가는 1장에서 언급하였던 창업자의 자질 테스트로 대체할 수도 있다.

7-3 시장성 분석

시장성 분석은 사업타당성 분석의 핵심이라고 할 수 있다. 왜냐하면 창업하고자 하는 분야의 시장에 대한 분석과 판매에 대한 예측이 없이 창업하는 것은 밑 빠진 독에 물을 붓는 것과 같이 막연하게 자금을 투자하는 것이기 때문이다. 너무 무모하게 일을 벌이는 것과 같다.

시장성 분석은 쉽게 말해 판매하고자 하는 아이템을 얼마만큼 팔 수 있는가를 예측해 보는 것을 말한다.

(1) 시장분석에서 해야 할 일

시장분석에서 해야 할 일은 다음과 같다.

① 시장의 특성을 파악하고

② 판매 전망을 예측하여

③ 매출액을 추정하도록 한다.

시장의 특성을 파악하기 위해서는 시장 규모를 확인하고 그 시장에서의 경쟁 상황과 이에 따른 시장의 장기적 전망을 내어야 한다. 판매 전망을 위해서는 수요 및 공급 상황을 파악하여 미래의 수요를 예측하도록 하고, 이러한 분석을 토대로 매출액을 추정한다. 이를 위해서는 예상되는 고객의 수는 얼마나 되는지 확인하고 또한 주변 인구 분포를 토대로 잠재고객수의 증가가 가능한지를 확인하고, 경쟁 업체의 수와 분포는 어떠한가를 파악함은 물론 새로운 창업자의 진입 가능성도 살펴보아야 한다.

창업 단계에서 매출액을 추정하는 것은 쉽지 않은 일이다. 매출액 추정을 위해서는 여러 가지 방법이 사용될 수 있는데 기존 경쟁 업체의 매출 현황을 이용하는 것이 가장 손쉬운 방법이다. 이는 기존 업체를 드나드는 고객수를 집계해서 이를 이용하여 월 매출액을 추정하는 것으로, 월 매출액은 (1일 방문 고객수×객단가×월 영업일수)로 계산할 수 있다. 특히 외식업의 경우는 구비된 좌석수를 이용하여 (좌석수×회전율×객단가×월 영업일수)로 계산할 수 있다.

(2) SWOT 분석

기업의 시장성 분석을 위해 사용하는 가장 일반적인 방법으로 SWOT 분석이 있다. SWOT는 기업 운영에 적용하였을 때 다음과 같은 의미를 지니고 있다.

① Strength(강점): 기업 내부의 속성으로 기업이 갖고 있는 강점

② Weakness(약점): 기업 내부의 속성으로 기업이 갖고 있는 취약점

③ Opportunity(기회): 기업 외부 시장에 관한 속성으로 기업이 시장에서 얻을 수 있는 기회 요소

④ Threat(위협): 기업 외부 시장에 관한 속성으로 기업이 갖고 있는 시장에서의 위험 요소

SWOT 분석은 사업에 있어서 우선권을 어디에다 두어야 하는지 알 수 있도록 해 주고 선명하고 정확한 사업 계획을 세우기 위한 생각을 정돈할 수 있도록 설계된 분석 방법이다. 이 분석을 하면서 수집한 정보는 사업 계획을 세울 때 요긴하게 사용될 수 있다. 기업은 이 분석 방법을 토대로 기업의 내부 환경을 분석하여 기업이 처한 강점과 약점을 발견하고, 기업의 외부 환경을 분석하여 외부 환경의 기업에 대한 기회와 위협을 찾아내어, 강점은 살리고 약점은 줄이며 기회는 활용하고 위협은 억제하여 기업의 운영 방향을 설정한다.

창업 시장 분석에서도 이 방법이 유효하게 사용될 수 있다. 창업을 위해 선정한 제품이나 서비스에 대하여 시장 규모와 전망 등 시장에서의 위치를 알아보고, 또한 선택한 입지에서 경쟁자들과 비교하여 경쟁력의 정도를 알아볼 수 있다.

표 7-1 은 외식업을 창업할 경우의 SWOT 분석 예를 보여 준다.

표 7-1 SWOT 분석의 예

Strength(강점)	Weakness(약점)
• 외식업 업체 종사 경력 • 사람들과의 친화력 • 재료 공급 루트 확보	• 초기 업체 지명도 낮음 • 초기 자본력 약함
Opportunity(기회)	**Threat(위협)**
• 지역상권과 차별화된 메뉴 • 지역상권과의 호혜성	• 경기침체 지속 • 외식인구 감소 추세

본 시장성 분석에서 도출하는 결과는 객관적인 근거나 실제 탐문 조사를 통해 이루어져야 한다. 앞 장에서 소개한 중소기업청 상권정보시스템을 통해 획득한 자료를 시장조사에 적절히 이용할 수도 있다. 즉, 잠재고객의 분포 상황이나 경

쟁업체의 수와 위치 등의 자료를 이용하여 미래의 수요를 예측하고 경쟁 상황을 파악할 수 있다.

7-4 기술적 타당성 분석

기술적 타당성 분석은 현재 구상하고 있는 제품이 기술적으로 생산 가능하고 또한 상품화가 가능한지를 점검하고 분석하는 것이다. 기술적 타당성 분석은 해당 제품의 경쟁력을 좌우하고, 이 경쟁력은 시장점유율로서 나타난다.

기술적 타당성을 평가하기 위한 요인에는 제품의 특성, 생산 공정의 적정성, 효율적 생산 가능성, 입지조건의 적합성, 생산시설 규모 및 생산능력 적정성 여부, 원재료의 수급 계획, 제품의 예상 불량률 및 개선 가능성 등이 있다. 기술적 타당성 분석은 사업타당성 분석 과정에서 가장 전문성이 요구되며 분석이 어려운 부분이다. 왜냐하면 각 요인에 대한 평가기준을 정하기도 어렵고 객관성을 갖고 접근하기도 어렵기 때문이다. 그러나 생산 및 제조 관련 창업일 경우 기술적 타당성을 확보하지 못하면 사업의 성공에 확신을 갖기 어렵기 때문에 이 분석에 대한 중요성이 강조되고 있다.

7-5 경제성 분석

시장성 분석과 기술적 타당성 분석이 끝나면 뒤를 이어 경제성 분석이 필요하다. 경제성 분석은 시장 분석에서 얻은 수요 예측과 추정 매출액을 기초로 필요한 자본의 규모를 결정하고 투자하는 현금의 흐름을 추정하여 종합적인 경제성을 평가하는 활동이다. 제아무리 제품의 판매가 늘어나더라도 소요 자금이 적기에 조달되지 않거나 적정 수익을 제대로 올리지 못한다면 사업의 유지가 어려워지기 때문에 경제성 분석은 그 의의가 자못 크다.

경제성 분석에는 총비용 및 소요자금 추정, 추정손익계산서 및 대차대조표 작성, 현금흐름표 분석 등이 요구되나 소규모 창업자의 경우 이들 모두를 갖추어 경제성 분석을 실시하기에는 현실적으로 난감하지 않을 수 없다. 따라서 많은 경우에 회수기간법을 사용하거나 손익분기점 분석을 통한 투자 여부 결정을 한다.

(1) 회수기간법

회수기간법은 투자 가능한 모든 비용을 추산하고 이를 회수하는 데 어느 정도의 기간이 걸릴 것인가를 추정하여 투자를 결정하는 방법이다. 창업 초기의 투자 금액은 보통 2년 이내로 회수가 가능해야 좋은 것으로 본다.

(2) 손익분기점 분석

손익분기점 분석은 최초의 이익이 발생하는 매출액 정도를 알아보아 투자를 결정하는 방법이다. 손익분기점은 일정기간의 매출액과 그 매출을 만들기 위하여 사용된 총비용이 일치하는 매출액을 말하는데, 사업체에서는 이 매출액에 이르기 전까지는 손실을 보다가 이 매출액 이상의 매출이 발생하면서 이익을 얻게 된다. 이를 도표로 알아보면 **그림 7-1**과 같다.

손익분기점 분석에서는 총비용을 고정비와 변동비로 나누어 취급한다. 고정비는 매출액의 변동에 상관없이 일정하게 발생하는 비용을 말하며, 변동비는 매출액의 변동에 비례하여 발생하는 비용을 말한다. 고정비에는 인건비, 수도세, 전기세, 임대료, 이자 등이 해당되고, 변동비에는 상품 구입비, 운반비, 소모품비 등이 해당된다. 손익분기점 분석은 어느 정도 매출을 올릴 때 손익분기점을 넘기는지를 추정하고 그 매출을 올릴 수 있는가에 대한 실현 가능성이나, 매출을 올리

그림 7-1 손익분기점

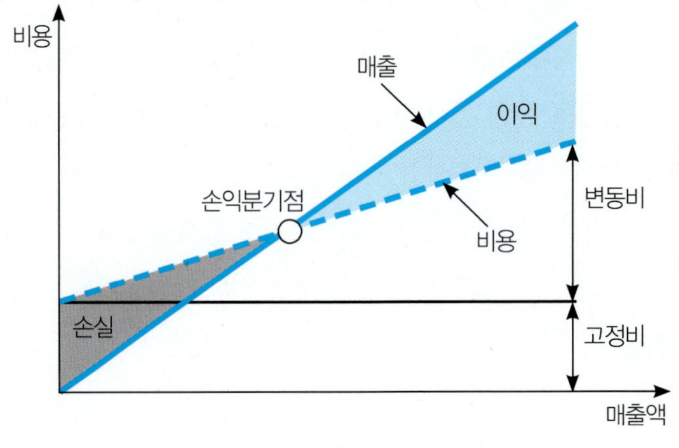

는 데 걸리는 기간을 역추정하여 투자 여부를 결정할 수 있도록 해 준다. 또한 매출액은 매출 수량과 매출 단가에 따라 결정되기 때문에 판매계획의 입안에 있어서 이 분석방법은 중요한 실마리가 된다.

손익분기점에 대한 이해를 돕기 위해 표 7-2에 커피 전문점의 추정 평균 수입·지출 내역을 제시하였다. 이 커피 전문점의 한 달 평균 총수입은 2,500만원이고 총지출은 1,860만원으로 순이익은 640만원인 것으로 나타나 있다. 이 내역서를 바탕으로 손익분기점을 계산해 보자. 고객 1명당 평균 단가를 4,000원으로 상정할 때 한 달 평균 총지출인 1,860만원에 대한 하루 고객수는 다음과 같이 계산된다.

$$총지출/평균단가/30일 = 18{,}600{,}000/4{,}000/30 = 155$$

즉, 손익분기점을 넘기기 위한 하루 평균 고객수는 155명이다. 따라서 이 커피 전문점이 하루 155명의 고객을 유치할 수 없으면 투자를 하지 않는 것이 바람직

표 7-2 커피전문점의 수입 · 지출 내역

(단위: 만원)

내역	수입	지출
매출액	2,500	
재료비		1,200
임대료+관리비		260
인건비		350
제세공과금		50
합계	2,500	1,860
순이익	640	

하다. 물론 평균 단가가 4,000원보다 높을 경우에는 이 수가 줄어들 것이다.[1] 또한 이 커피 전문점의 경우에 평균적으로 고객 155명을 유치하는 데 얼마나 많은 기간이 지나야 하는가를 산정하여 투자의 가부를 결정할 수도 있다.

7-6 자금 운영 계획 및 성장 가능성 분석

사업 타당성 분석에서 마지막으로 행하는 것은 자금 조달과 자금 상환 같은 자금 운영 계획과 장기적 관점에서 사업의 성장 가능성을 분석하는 것이다.

(1) 자금 운영 계획

사업을 처음 시작하려면 사업에 들어가는 총소요자금이 얼마나 될 것인지를 추정하여야 한다. 사업에 동원될 소요자금은 사업 규모를 고려하여 결정하여야 하는데, 이와 더불어 사업 규모는 자금 조달 능력에 의해 결정된다. 즉, 사업 규모

1 추정 평균 단가에 상관없이 손익분기점 매출액 계산은 '고정비/(1-변동비/매출액)'으로 한다.

의 결정에 따른 총소요자금이 산출되었으면 이 자금을 어떻게 조달할 것인지 알아보아야 한다. 자금 조달이 전적으로 본인이 소지하고 있는 자금으로 충당할 수 있으면 문제가 없으나 자금의 차입이 필요하면 자금 조달 방법이나 계획을 포함한 자금 운영 계획서를 작성하여야 한다. 또한 이와 더불어 차입한 자금을 어떻게 어떤 자금으로 상환할 것인가 하는 상환 계획도 작성하여야 한다. 이때 차입금 상환 계획은 매출액과 당기 순이익의 규모 및 증가율을 감안하여 수립해야 한다. 이에 앞서 사업체의 부채 비율이 너무 높으면 이자와 같은 금융비용의 과도한 지출로 인해 사업체의 운영이 힘들어질 수 있으므로 차입금의 규모가 너무 크지 않도록 줄이는 노력을 해야 한다.

창업자는 자금 조달 및 운영 계획을 세부적으로 철저히 세워야 한다. 왜냐하면 아무리 창업 계획을 잘 세웠더라도 실제 사업을 수행하는 데 있어서 필요한 자금을 조달할 수 없다면 모든 계획을 처음부터 다시 세워야 하기 때문이다.

(2) 성장 가능성 분석

사업의 성장 가능성 분석은 연도별 생산, 판매 계획의 적절성, 시설 투자의 적절성, 자금 운영 계획의 실현성 등을 검증하여 문제가 없는가를 살피고 또한 사업을 수행해 가는 데 있어서 위험 요소는 무엇이며 이를 극복하고 장기적인 성장이 가능할 것인가를 알아보는 것이다. 즉, 해당 사업에 대하여 입지와 상권 또는 경쟁업체 등을 포함한 환경 요소 중에 사업을 영위하는 데 문제를 일으킬 소지가 있는 위험 요소는 어떤 것이 있는지 파악하고 이에 대한 대응 방안은 무엇이며 실천 가능한 방안인가 등을 분석하여 위험에 대처하고 성장할 수 있는 발판을 마련하고자 하는 것이다.

위험 요소의 예로는 경제환경의 변화에 따른 은행 금리 및 환율의 변동, 경쟁업체의 등장, 자금 조달의 지체 및 입지 선정에 따른 문제점의 부각 등을 들 수 있다.

익힘문제

1. 사업타당성 분석이 필요한 이유는 무엇인가?
2. 사업 수행 능력의 적합성 평가는 무엇을 위한 평가인가?
3. 시장성 분석을 하는 이유는 무엇인가?
4. 시장 분석에서 해야 할 일은 무엇인가?
5. SWOT 분석의 용도는 무엇인가?
6. 기술적 타당성 분석을 하는 목적은 무엇인가?
7. 경제성 분석은 무엇을 알기 위한 분석인가?
8. 회수기간법이란 무엇인가?
9. 손익분기점이란 무엇인가?
10. 손익분기점 분석은 무엇을 하기 위한 분석인가?
11. 성장 가능성 분석은 무엇을 하기 위한 분석인가?

제 8 장

설계 단계 III: 사업계획서

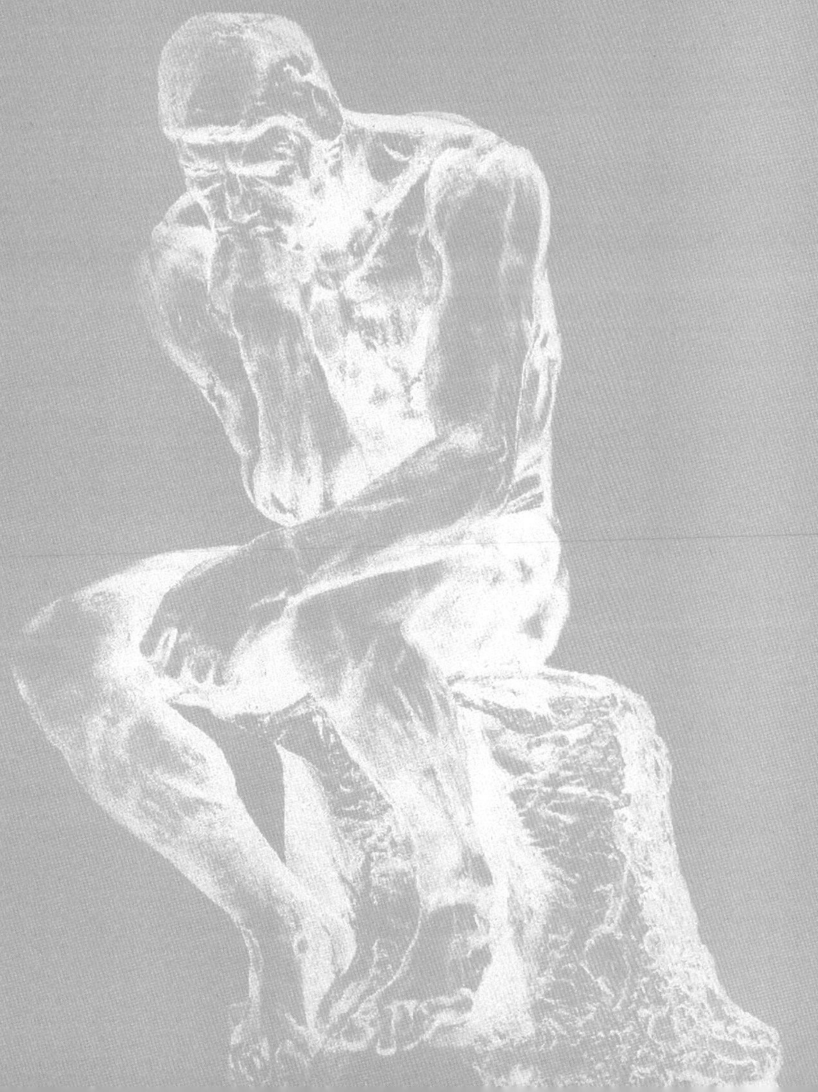

계획 단계

- 목표설정
- 정보수집 및 분석
- 창업 업종 및 아이템 선정
- 창업 형태 결정

설계 단계

- 입지 선택과 상권 분석
- 사업타당성 분석
- **사업계획서 작성**

실행 단계

- 창업 자금 산출 및 창업 자금 확보
- 사업장 확보와 사업 인 · 허가 및 등록
- 개업 준비

8-1 사업계획서란 무엇인가

사업계획의 가장 기본적인 가치는 사업 전망에 관한 모든 개요와 분석을 포함한 사업의 경제적 생존 가능성에 대한 모든 양상을 평가하고 그 결과를 생성하는 데 있다. 즉, 사업계획서를 작성하는 데 있다고 하겠다.

사업계획서를 준비하고 유지하는 것은 사업의 규모나 종류에 상관없이 창업을 하는 데 있어서 매우 중요한 일이다. 물론 사업계획을 세우고 사업계획서를 작성하는 것이 반드시 창업의 성공을 보장한다고 할 수는 없다. 그러나 창업하고자 하는 사업의 경제적 변화 양상을 정확히 평가할 수 있는 사업계획서를 작성할 수 있다면 이 사업계획서는 건물을 지을 때 사용되는 청사진과 마찬가지로 사업 내용의 투자 범위 및 전략을 포괄적으로 담고 있는 지침서가 될 것이다. 그러나 만일 이 사업계획서가 사업의 잠재력에 대해 잘못된 평가를 반영하고 있을 경우에는 오히려 사업을 실패로 이끄는 안내서가 될 수도 있다. 따라서 사업계획서는 정확한 실사와 정보에 의한 판단과 주변 환경의 분석 등을 통한 전략적인 지침서가 될 수 있도록 작성해야 한다.

초보 창업자들 대부분은 창업에 대한 열망이 크고 그 열망이나 마음이 앞서기 때문에 사업계획서 작성에 적극적이지 않다. 그러나 성공하고자 하는 의지가 있는 창업자라면 반드시 사업계획서 작성에 많은 시간을 할애할 것을 권한다. 다만 사업의 진행 상황은 시간과 환경에 따라 달라질 수 있기 때문에 처음에 사업계획서를 작성하며 세웠던 모든 가설들이 반드시 실현될 것이라는 기대는 하지 않는 것이 좋다. 따라서 사업을 진행해 가면서 처음에 세운 사업계획과 어떤 차이가 생기는지 지속적으로 관찰하고 비교하면서 이에 따라 중간계획을 변경할 줄도 알아야 한다. 이것이 실질적인 사업 경험을 쌓아 가는 과정인 것이다.

8-2 사업계획서의 중요성

사업계획서는 사업을 진행해 가는 과정에서 안내서가 된다. 그러나 창업 초기에 앞으로 일어날 모든 변화들을 미리 예측할 수는 없기 때문에 사업계획서는 창업 시 사업의 기본적인 방향을 제시해 주는 방향타로 이용하고 창업 후 이 사업계획서를 주기적으로 참고하여 사업 운영이 창업 초기의 목표에서 벗어나지 않도록 잡아 주는 지침으로 사용할 수 있다.

창업을 할 때 왜 사업계획서의 작성이 필요한지 그 이유를 살펴보기로 하자.

① 사업계획서는 사업계획서에 포함된 적절한 정보와 분석을 이용하여 창업자의 사업 목표를 정의해 주고 사업의 초점을 맞추어 준다. 따라서 창업의 성공 가능성을 높여 주고 창업 기간을 단축할 수 있도록 도와준다.

② 잘 작성된 사업계획서는 은행 대출을 포함하여 투자자들을 끌어들이는 수단으로 사용될 수 있다. 즉, 사업계획서의 내용이 사업의 성공 가능성을 잘 보여 줄 경우에 투자자들의 관심을 쉽게 끌 수 있다.

③ 사업계획서는 처음에 사업을 계획할 때 빠뜨릴 수 있는 조항이나 약점 등을 찾아 줄 수 있다. 처음에 사업을 계획할 때 모든 경우를 상정한다고 하나 이를 사업과 관련된 세부 항목별로 하나하나 정리해 나가다 보면 미처 생각하지 못했던 점이나 틀린 부분을 발견할 수 있는데 이때 이를 수정하면서 좀 더 확실한 계획을 세울 수 있다.

④ 사업계획서는 조언을 받는 중간 매체 역할을 한다. 때때로 초보 창업자들은 자신의 경험 부족을 보충할 수 있는 전문가들의 조언을 구하지 않고 고집을 앞세운 결과 잠재적 재난을 초래하기도 한다. 사업계획서는 자신이 창업하고자 하는 분야에서 이미 사업을 하고 있는 사람들이나 그 분야 전문가들의 의견을 구하고 조언을 받을 때 사용될 수 있는 좋은 매체가 될 수 있다.

8-3 사업계획서 작성할 때 주의할 점

처음 창업에 도전하는 사람에게 사업계획서 작성은 사업타당성 분석과 마찬가지로 참으로 낯설고 성가신 일로 생각될 수 있다. 그렇기 때문에 사업계획서의 중요성을 무시하고 형식적으로 작성해 보고 넘어가는 경우가 많다. 그러나 사업계획서가 창업 성공의 지침이 될 수 있다고 생각하면 함부로 작성하거나 무시할 수 없을 것이다. 그렇다면 사업계획서는 어떻게 작성하는 것이 바람직한가?

사업계획서를 작성할 때 주의할 점은 다음과 같다.

① 단기적인 계획과 목표를 우선하라

사업계획서는 사업을 진행해 가면서 단기적 목표의 변화에 맞추어 수정하는 것이 좋다. 왜냐하면 초기에 사업계획서를 작성할 때는 장기적 목표를 설정하는 것이 보통이나 현실적인 사업 환경은 처음 사업 계획을 세울 때와 차이가 있을 수 있기 때문이다. 또한 장기 계획을 세우더라도 한정된 기간을 잡아 계획하는 것이 바람직하다.

② 사업계획서 작성은 세밀하게 하라

사업을 함에 있어서 얼마만큼의 돈과 시간이 요구될 것인지를 정확히 예측할 수 있는 사람은 없다. 일단 사업을 시작하면 초기에 예상하지 못했던 추가적인 비용 부담이나 운영상의 문제점이 돌출되는 것이 일반적이다. 따라서 재정 문제를 포함한 모든 계획은 너무 여유롭지 않게 가급적 세밀하게 세우는 것이 바람직하다.

③ 내용은 간결하고 정확하게 표현하라

사업계획서의 작성에 있어서 모호한 표현을 사용하지 말고 이해하기 어려운 내용을 넣지 않도록 한다. 사업계획서에는 사업 목표가 명확하게 드러나야 하고 사업 전략이 무엇인지 정확하게 표현되어야 한다. 창업자 자신의 생각을 제3자가 보더라도 명확히 이해할 수 있도록 모든 내용을 간결하고 정확하게 표현하는 것이 좋다.

④ 사업의 독창성에 의존한 작성은 피하라

사업의 독창성이나 특허 낸 제품 등의 표면적인 장점에 너무 의존한 사업계획서 작성은 피하는 것이 좋다. 사업의 독창성에 너무 의존하거나 특허 낸 제품에 의존하여 사업을 시작한 경우에 너무 큰 기대를 갖는 경향이 있기 때문에 실질적인 사업 성과가 예상에 못 미칠 경우에는 이에 실망하여 너무 쉽게 사업을 포기할 수도 있다. 일반적으로 볼 때 사업의 독창성보다는 국가적 경제 상태가 좋은 때와 같이 시기를 잘 타고 창업하는 경우에 성공률이 높은 것으로 알려져 있다.

⑤ 자금조달 계획은 구체적으로 명시하라

자금조달 계획은 정확하고 실현 가능하게 작성하여야 한다. 자금조달 계획은 창업자 자신이 동원 가능한 현금 및 예금을 포함하여 금융기관의 대출이나 창업자금 지원기관 등으로 부터의 조달 계획을 구체적으로 명시하여야 한다.

8-4 사업계획서의 형식[1]

사업계획서에 포함되어야 할 내용은 사업의 규모나 주체에 따라 그 내용에 차이를 보일 수 있으며 정형화된 사업계획서는 없다고 할 수 있다. 사업계획서의 구성 및 내용은 편의상 외부 제출용 사업계획서와 창업자 사업계획서로 구분할 수 있다.

(1) 개인 창업자를 위한 사업계획서

개인 창업자가 사업을 계획적으로 추진하기 위하여 비교적 간단한 형식으로 작성하는 사업계획서에 포함될 내용을 간단히 소개하면 다음과 같다.

① 사업 개요

사업 개요는 사업계획서의 요약에 해당되는 부분으로 사업계획서의 핵심이라고 할 수 있다. 사업 개요에는 사업 전반에 대한 간략한 요약 내용을 담는데 사업분야나 경영목표와 같은 핵심 내용이 포함되어야 한다. 또한 본 사업에서 취급하는 제품이나 서비스에 대한 혁신성 또는 차별성을 강조하고 목표 시장에 대한 시장 진입 전략, 사업 목표를 위한 성공 요인을 제시하고 이를 위한 경영 전략이나

1 졸저, 『인터넷시대의 디지털 경영』, 2011 발췌·수정.

개인 창업자를 위한 사업계획서의 예

회사명	하늘의류
대표자	김하늘
회사정보	경산시 하양읍 금락리 ㅇㅇ빌딩 / 전화 연락처 / 이메일 연락처
사업분야	패션의류, 여성 정장, 청바지 등
경영목표	브랜드보다 가격을 중시하는 경향이 있는 20~30대 여성을 주 고객으로 하여 가격 경쟁력이 있는 다양한 디자인과 가격대의 상품을 제공하도록 한다. 경영목표는 20~30대 여성을 대상으로 하는 패션의류 판매의 선도자가 되는 것이다.
시장분석	• 대형 쇼핑몰을 중심으로 20~30대 고객이 비교적 많음 • 대형 쇼핑몰에서 의류를 취급하고 있으나 유행에 민감하게 대처하지 못하고 있음 • 주변에 소규모 의류취급점들이 있으나 여성 의류로 특화된 상점이 없음
사업장 선정 계획	• 대형 쇼핑몰 주위의 상점 중에서 접근성이 좋은 도로변의 상점을 물색 • 물색한 상점 중 가시성이 좋고 임대료가 적당한 곳을 선정
운영 계획	• 패션의류의 짧은 유행을 감안하여 인기 상품을 도매시장을 통해 신속하게 공급함 • 이벤트 등을 다양하게 실시하여 박리다매의 원리를 적용, 저이윤 · 다매출 겨냥
재무 계획	• 초기 상품 공급 및 사업장 임대비용: ㅇ천만원 • 12개월을 손익분기점으로 보고 약 ㅇ천만원을 투자 • 매출 및 고객확보에 따라 점진적으로 추가 자금 투자
마케팅 계획	• 검색엔진 등록, 키워드 광고 및 배너광고 등은 고객확보에 따라 3개월 후부터 선택 진행 • 사업장 방문자와 구매고객에게 사은품을 지급하고, 포인트를 적립하도록 하여 일정 포인트 이상 고객에게는 구입 금액으로 환원해 줌
일정 계획	• 업종 선정에서 사업장 선정까지 6개월을 잡고 사업장 계약과 함께 2개월 동안 내부 장식과 상품 구입 및 진열을 완비하고 오픈함 • 오픈과 함께 다양한 구매 이벤트를 실시하여 3개월 후부터 단골고객 관리에 들어감

성장전략 등도 간략하게 기술한다.

② 시장조사와 분석

시장조사와 분석은 사업계획서의 마케팅 계획이나 재무 계획 등에 직접적으로 영향을 미치기 때문에 사업계획서 작성 전에 미리 처리하는 것이 바람직하다. 시장조사에서 창업하는 제품이나 서비스에 대한 잠재적 고객 범위는 어떻게 되며 또한 이 고객들의 규모는 얼마나 되는지 알아본다. 또한 시장 분석을 하기 위해서는 취급할 제품이나 서비스에 대한 구체적인 내용을 기록할 필요가 있다. 그리고 이 제품이나 서비스를 취급하고 있는 동종의 사업자가 있는지 탐색하고, 만약 있다면 동종 사업자의 장점과 약점을 평가하고 분석하여 어떻게 대처해 나갈 것인지를 보여 줄 수 있어야 한다. 이에 대한 분석은 7장 1절에서 소개한 SWOT 분석을 사용할 수 있다. 더불어 시장점유율과 매출액을 추정할 수 있다면 더욱 좋을 것이다.

③ 사업장 선정 계획

창업자가 선택한 제품이나 서비스를 판매하기 위한 사업장을 마련해야 하는데 이를 위해서는 사업장이 들어설 곳의 입지 분석과 상권 분석을 하여야 한다. 상권이란 사업을 할 때 그 사업의 대상으로 하는 잠재적 소비자가 살고 있거나 일하고 있는 지리적 범주를 의미한다. 올바른 입지의 선택이 창업의 성공에 지대한 영향을 미치며 잘못 선택한 입지는 창업의 실패를 초래하게 된다. 입지와 상권은 상호 영향을 미치는 관계로, 이미 6장에서 설명한 대로 업종에 따라 적합한 입지가 다를 수 있으며 적합한 입지라도 그 입지 구성원의 특성에 따라 상권의 형성이 달라질 수 있음을 염두에 두어야 한다.

④ 운영계획

본격적으로 제품이나 서비스를 판매하기 위해 어떤 수단과 방법을 사용할 것인지에 대해 구체적으로 기록한다. 영업시간은 어떻게 할 것이며 어느 집단을 목표고객으로 보고 고객 유치에 집중할 것인지 명시한다. 또한 상품은 어디에서 어떻게 구입할 것이지 결정한다. 특히 장기적인 운영 전략을 세워서 지속적인 발전을 이룰 수 있도록 한다.

⑤ 재무계획

재무계획은 자금의 수입, 지출 흐름을 미리 예측하고 파악함으로써 손익분기점에 이르기 전까지의 예산 책정이 가능하도록 계획을 세우는 작업이다. 재무 계획을 초반기에 수립하는 것은 매우 중요한 의미를 가진다. 창업 초기에는 수입보다 지출이 많기 때문에 가뜩이나 부족한 창업 자금을 계획 없이 사용하다가는 유동성 부족으로 사업을 본 궤도에 올리기도 전에 문을 닫을 수 있기 때문이다. 잘 세워진 재무 계획은 필요한 자금의 규모, 현금 유동성, 자금 조달계획 등을 미리 파악할 수 있도록 하여 유동성 부족과 같은 위험 요인을 줄여줄 수 있다.

⑥ 마케팅계획

목표 고객을 대상으로 어떤 마케팅 방법을 사용하여 제품이나 서비스를 홍보하고 고객 유치를 지속시킬 것인지를 명시한다. 마케팅 계획은 단기적인 계획부터 장기적인 계획까지 모두 상세하게 설명이 되어 있어야 투자자의 신뢰를 얻을 수 있으며, 가격 전략도 명확하게 해 두는 것이 좋다.

마케팅을 위해 소요되는 비용은 재무 계획을 통해 드러나야 한다.

⑦ 일정계획

창업에서 단계적으로 수행해야 할 일들에 대한 일정계획을 수립하면 업무의 우선순위를 파악하기 쉽고, 효율적인 시간 관리가 가능하여 창업을 체계적으로 수행할 수 있다. 표 8-1 은 창업일정 계획표 작성 예를 보여 준다.

표 8-1 창업일정 계획표

	20일	40일	60일	80일	100일	120일	140일	160일
업종 탐색 및 선택	→							
시장조사및 분석		→	→					
사업성 분석			→	→				
사업계획서 작성			→	→				
자금 확보			→	→	→			
사업장선정 및 계약					→			
실내 인테리어						→		
비품 구입						→	→	
홍보계획 수립							→	
창업 행사							→	→

(2) 외부 제출용 사업계획서

외부 관계기관 제출용 사업계획서는 주로 각종 자금 신청을 위하여 작성하게 되는데 은행을 비롯하여 관공서 등 각 제출기관에 따라 요구되는 양식 및 내용에 차이가 있다. 다음에 제시한 사업계획서 양식은 소상공인진흥원 정책자금 신청용이다.

소상공인진흥원 정책자금 신청용 사업계획서 양식

<table>
<tr><th colspan="7">사 업 계 획 서</th></tr>
<tr><td rowspan="4">사업장현황</td><td rowspan="3">소유</td><td colspan="2">자가</td><td>만원</td><td>사업장면적</td><td>㎡</td></tr>
<tr><td rowspan="2">임차</td><td>전세</td><td>만원</td><td>권리금</td><td>만원</td></tr>
<tr><td>월세</td><td>만원
(보증금: 만원)</td><td>월관리비</td><td>만원</td></tr>
<tr><td>입지</td><td colspan="5">□ 주거형 □ 도심형 □ 오피스형 □ 유흥가형 □ 학교 · 학원형 □ 전문상가형
□ 유원지형 □ 기타( )</td></tr>
<tr><td colspan="2" rowspan="4">수지계획</td><td colspan="2">구 분</td><td>신청일 현재 월평균</td><td colspan="2">1년 후 예상 월평균</td></tr>
<tr><td colspan="2">매출액</td><td>만원</td><td colspan="2">만원</td></tr>
<tr><td colspan="2">지출액</td><td>만원</td><td colspan="2">만원</td></tr>
<tr><td colspan="2">순이익</td><td>만원</td><td colspan="2">만원</td></tr>
</table>

<table>
<tr><td rowspan="2">자금조달방법</td><td rowspan="2">총 소요자금</td><td>= 자기자금 +</td><td>소상공인 정책자금 +</td><td>기타(차입금 등)</td></tr>
<tr><td>만원</td><td>만원</td><td>만원</td></tr>
</table>

<table>
<tr><td rowspan="2">사용처</td><td rowspan="2">만원</td><td>= 임차자금 +</td><td>시설비+</td><td>운전자금 +</td><td>초기상품구입비 +</td><td>기타 비용</td></tr>
<tr><td>만원</td><td>만원</td><td>만원</td><td>만원</td><td>만원</td></tr>
</table>

<table>
<tr><td>사업추진계획</td><td>ㅇ 판매 및 마케팅계획 :

ㅇ 고객확보 및 관리계획 :

ㅇ 기타 추진전략 :

※ 지면 부족시 별지사용 가능</td></tr>
</table>

익힘문제

1. 사업계획서가 필요한 이유는 무엇인가?
2. 사업계획서 작성할 때 주의할 점은 무엇인가?
3. 사업계획서에 포함될 내용은 무엇인가?
4. 사업계획서 작성에서 시장조사에 포함해야 할 내용은 무엇인가?
5. 사업계획서 작성에서 재무계획이 중요한 이유는 무엇인가?
6. 사업계획서 작성에서 일정계획은 왜 필요한가?

제 9 장

실행 단계

계획 단계

- 목표설정
- 정보수집 및 분석
- 창업 업종 및 아이템 선정
- 창업 형태 결정

↓

설계 단계

- 입지 선택과 상권 분석
- 사업타당성 분석
- 사업계획서 작성

↓

실행 단계

- **창업 자금 산출 및 창업 자금 확보**
- **사업장 확보와 사업 인·허가 및 등록**
- **개업 준비**

9-1 창업자금 산출 및 창업자금 확보 방안

(1) 창업자금 산출

대부분의 창업자는 소규모 자본을 가지고 출발한다. 사업을 시작할 때 자신의 적성이나 기호에 맞는 업종이나 아이템을 선정하라고 강조하였지만 막상 자금 문제에 부딪히면 애초의 생각을 바꾸어야 할 경우가 생긴다. 왜냐하면 자신의 적성에 맞추어 선택한 업종이라고 해도 소요 자금이 자신이 제공할 수 있는 범위를 넘어서는 경우나 매장 선택에서 부득이 하게 자신의 자본 규모에 맞는 차기 선택을 해야 하는 경우가 있기 때문이다. 더욱이 치밀하게 창업 계획을 세웠더라도 막상 사업을 시작해 보면 당초 예상했던 소요자금에 추가로 요구되는 비용이 많기 때문이다. 따라서 초기 자금 규모는 추가 지출을 대비한 여유자금까지 포함하여 산정하여야 한다.

자금 소요 계획은 개업 준비 자금과 운영 자금으로 나누어 세우면 된다. 개업 준비 자금에는 사업장 임대 비용, 사업장 시설 비용, 집기 및 상품 구입비 및 광고 선전비가 해당된다. 사업장 임대 비용에는 보증금, 권리금 및 중개수수료가 해당된다. 보증금과 중개수수료가 익숙한 용어인데 비해 초보창업자에게 권리금은 생소할 수 있다.

권리금이란 사업장을 양도하는 사업자가 그동안 이루어 놓은 사업장의 대중 인식에 대한 대가, 즉 사업장을 양도하면서 포기해야 하는 영업이익과 시설비로서 지불하는 것이다. 양도하는 사업장과 다른 새로운 사업장이라도 바닥 권리금이라는 명칭으로 권리금을 요구하기도 한다. 보통 높은 수익을 올리고 있는 사업장일 경우에 높은 권리금을 요구하는데 사업장 수익에 대한 평가를 면밀히 하지 못하는 경우에는 권리금으로 인한 손실을 입을 수 있다. 권리금 산정에는 정해진 원칙이 없고 또한 법적 보호 장치도 없기 때문에, 권리금을 산정할 때는 사업장의 여러 가지 내적, 외적 상태를 잘 점검하여 권리금 협상에 유리하도록 노력하여야 한다.

사업장 시설 비용에는 사업장 내장 공사 및 외장 공사비, 통신 및 전기 공사비와 간판 설치비가 포함된다. 집기 및 상품 구입비에는 테이블, 의자 등을 포함하여 업무용 컴퓨터와 사무기기 등의 집기들과 초도 상품비가 해당된다. 광고 선전비에는 전단지, 팸플릿, 개업기념품, 판촉물품에 들어가는 비용이 해당되며, 이외에 개업이벤트 비용이 들어갈 수 있다.

운영자금은 사업장 임대료, 인건비, 추가 상품비, 마케팅 비용과 전기세, 수도세 등과 같은 제반 공과금, 통신비, 및 차입자금 이자 등으로 나눌 수 있다.

위의 내용을 정리한 자금소요계획은 표 9-1 과 같다.

(2) 창업자금 확보 방안

표 9-1 에 기반을 두고 총 예상 소요 자금이 산정되었으면 창업자가 가지고 있는 자금과 비교하여 추가로 자금이 필요한지 아닌지를 결정하여야 한다. 이때 중요한 것은 산정된 총 예상 소요 자금보다 약 30% 정도의 여유자금을 지니고

표 9-1 자금소요계획

자금소요항목			금액
개업 준비 자금	사업장 임대 비용	보증금	
		권리금	
		중개수수료	
	사업장 시설 비용	내장공사비	
		외장공사비	
		통신 및 전기공사비	
		간판 설치비	
	집기 및 상품 구입비	집기 및 사무기기	
		초도 상품비	
	광고 선전비	전단지와 팸플릿 제작비	
		개업기념품 구입비	
운영 자금		판촉물품 구입비	
		사업장 임대료	
		인건비	
		추가 상품비	
		마케팅 비용	
		제반 공과금	
		통신비	
		차입자금 이자	

있어야 한다는 것이다. 왜냐하면 처음 창업을 하게 되면 미처 생각하지도 못했던 비용들을 지출하게 되어 창업자를 혼란에 빠뜨리는 경우가 생기기 때문이다. 따라서 창업자는 표 9-1 에서 산출된 총 예상 소요 자금에 30%를 더한 자금을 충당하기 위한 자금 조달 방안을 마련해야 한다.

자금 조달을 위해서 우선 창업자는 자기가 직접 동원할 수 있는 자금의 규모를 파악하고 제반 조건들을 감안하여 조달 방법을 결정해야 한다. 창업자 자신이 충분한 자금을 가지고 있으면 더 이상 바랄 것이 없지만 창업자들 대부분은 자금 부족 문제를 겪는 것이 사실인바 부득이하게 외부로 눈을 돌려야 한다. 동업자가 있을 경우에는 동업자의 자금을 동원하면 손쉬우나 동업에 따르는 편리함과 더불어 불편함으로 인해 경우마다 다르겠으나 많은 사람들이 동업은 피하는 것이 좋다고 권하는 것을 감안하면 동업자 자금은 일단 예외로 취급하기로 하자.

소상공인진흥원에서 조사한 바에 의하면 **그림 9-1** 에서 보듯이 창업자들 중 약 60%가 외부에서 자금을 조달하고 있는 것으로 나타났다.

자기 자본이 아닌 타인 자본으로서 크게는 일반금융, 사채, 정책금융 등 세 가지를 생각할 수 있다.

일반금융은 은행, 보험사, 신용금고 또는 투자신탁회사와 같은 제2금융으로부터 신용이나 담보를 바탕으로 자금을 차입하는 것을 말한다. 보통 서민들에게는 문턱이 높은 곳으로 알려진 은행이나 보험사로부터 자금을 빌리기가 어지간해서는 힘이 들기 때문에 제2금융권의 문을 두드리는 경우가 많은데, 제2금융권은 돈을 빌리기는 쉬우나 이율이 높은 것을 잊지 말아야 한다. 높은 이자를 물면서

그림 9-1 창업자금 조달 원천

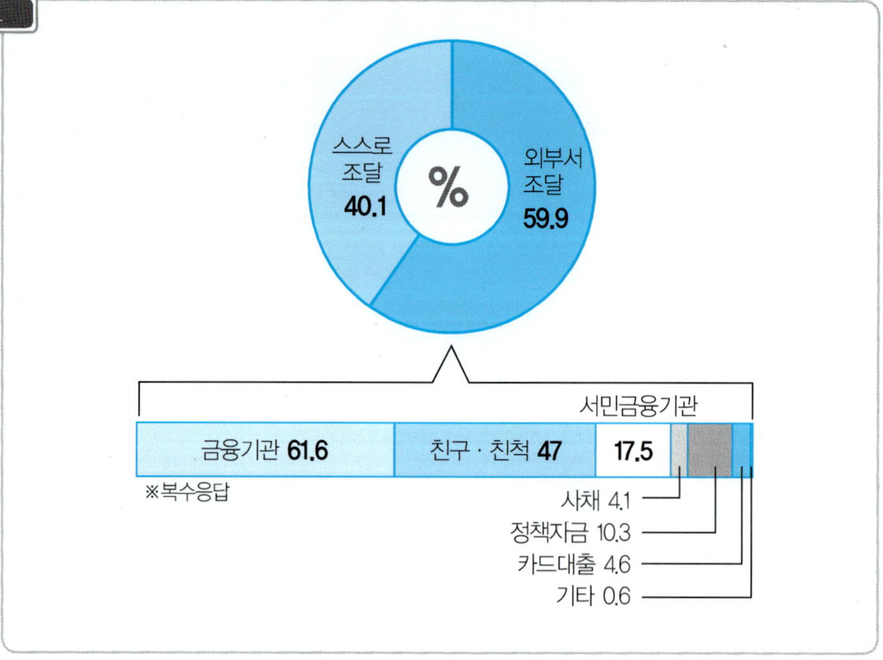

출처: 소상공인진흥원, 2012 소상공인 통계집

사업을 할 경우에 고생을 하면서도 수익을 남기기가 쉽지 않기 때문이다.

사채란 친인척이나 지인들로부터 개인적 친분을 이용하여 돈을 빌리거나 사금융을 이용하는 것을 말한다. 사업에 확신이 없을 경우라면 사채를 이용하지 않는 것이 좋다. 만약 사업이 안 될 경우에는 돈 잃고 사람마저 잃게 되기 때문이다. 일부 사업자들 중에서는 사업이 점차 힘들어지면서 마지막으로 사금융에 손을 내밀기도 하는데 이 경우에는 너무 높은 이자율로 인해 사업은 물론 사람까지 망칠 수 있으니 사금융을 이용하고자 하면 신중에 신중을 기해야 한다.

정책금융은 정부에서 지원하는 금융으로, 먼저 생계형 창업자금 지원제도를 들 수 있다. 생계형 창업자금 지원제도는 생계유지를 목적으로 창업을 하는 서민들을 위하여 정부가 신용보증을 서서 사업자금 대출을 가능하게 한 제도이다. 이 제도를 이용한 대출은 창업 초기 자금은 5,000만원 이내, 사업장 구입이나 임차자금은 1억원 이내로 책정되어 있다.

다음은 소상공인정책자금이다. 이 자금은 정부에서 창업을 촉진시키기 위하여 매년 초에 그 해의 창업지원자금을 책정하여 발표하고 소상공인진흥원 소상공인지원센터의 상담과 추천을 통해 대출해 주는 창업자금을 의미한다.

소상공인정책자금은 중소기업진흥공단(중진공)에 설치되어 있는 ‘중소기업창업및진흥기금’과 기획재정부 산하 복권위원회의 ‘복권기금’을 통해 전액 조성되어 운영되고 있으며, 지원규모는 2013년 기준으로 6,100억원이며 1월 초부터 자금이 소진될 때까지 지원한다. 전국 62개의 소상공인진흥원 소상공인지원센터에서 신청 및 접수가 가능하다. 소상공인진흥원 소상공인지원센터(www.seda.co.kr)가 소개한 지원 대상, 융자 조건, 융자 절차 등 제반 절차는 다음과 같다.

① 지원 대상

• 공통 지원 자격

제조업, 건설업, 운송업, 광업: 상시 종업원 10인 미만 업체

도소매업 등 각종 서비스업: 상시 종업원 5인 미만 업체

• 세부 지원 요건

구분	세부	신청요건
일반 자금	교육 · 컨설팅 수료자	중소기업청장이 인정하는 교육 또는 소상공인진흥원 소상공인 컨설팅을 수료한 소상공인
	나들가게	2010~2012년 나들가게로 선정된 소상공인
	프랜차이즈	프랜차이즈 수준평가 3등급 이상의 브랜드 또는 유망 소상공인 프랜차이즈화 지원 사업 수혜 브랜드에 가맹점 운영 소상공인
	시니어	시니어 창업스쿨 수료 또는 시니어 관련 컨설팅을 15시간 이상 수료하고 총괄매니저의 추천을 받은 소상공인
	신사업	소상공인진흥원에서 주관하는 신사업 육성 지원사업 또는 아이디어 상업화 지원사업의 수혜 소상공인
	물가안정 모범업소	행정안전부 지정 물가안정 모범업소
	장기실업자	최근 3년 이내 고용보험을 납부한 기록이 있는 자 중 아래의 ①, ② 항 중 하나 이상을 충족(온라인 교육을 6시간 이상 수료) ①(장기실업자) 실직 후 고용지원센터에 구직 등록 후 취업 활동을 6개월 이상하다가 현재 사업을 영위하고 있는 소상공인 ②(실직고령자) 자금 신청 시 만 55세가 넘는 자 중 과거 실직 후 구직 등록하고 취업 활동을 하다가 현재 사업을 영위하고 있는 소상공인
	여성가장	경제적 활동 능력이 없는 부양가족만 있는 여성가장 소상공인(온라인 6시간 수료)
특화 자금	소공인	제조를 기반으로 한 사업을 영위하는 상시 근로자수 10인 미만의 소공인
	협업화	소상공인 협업화 지원사업의 협업체에 속한 개별 소상공인(협업인식 교육과정 6시간 수료)
	성장유망	소상공인지원센터의 현장 평가 및 심의 위원회를 통과한 소상공인에 대해 자금지원(2013년 하반기 시범)
	장애인	장애인복지카드(국가유공자카드) 또는 장애인 기업 확인서를 소지, 장애인기업종합지원센터에서 실시하는 12시간 이상 교육 수료자
	일반재해	매년 발생 가능성이 높은 집중호우, 태풍, 폭설, 화재 등으로 피해를 입은 재해 소상공인

② 융자 조건

• 공통 대출금리(매 분기별로 조정)

대출금리: 2013년 3분기 기준금리 3.77%

단, 재해소상공인, 장애인기업의 경우 연 3% 고정금리 적용

대출한도: 7,000만원(장애인(기업), 나들가게 지원한도는 1억원 이내)

대출기간: 5년 이내(거치기간 2년 이내 포함) ※ 장애인(기업)은 7년 이내(거치기간 2년 포함)

• 상환방식

거치한도 기간 후 상환 기간 동안 대출금액의 70%는 3개월마다 균등 분할상환하고 30%는 상환 기간 만료 시에 일시상환

• 대출 취급은행(20개)

국민, 기업, 신한, 우리, 외환, 산업, 한국씨티, 하나, 부산, 대구, 광주, 전북, 경남, SC제일, 제주, 농협중앙회, 저축은행중앙회, 수협중앙회, 새마을금고, 신협중앙회

③ 융자 절차

• 신청 및 접수: 소상공인진흥원 소상공인지원센터

소상공인진흥원 소상공인지원센터의 상담을 거친 후 자금 신청

• 신청 시 준비서류: 신분증, 사업자등록증, 생계형 적용 업종인 숙박업·주점업·노래연습장 운영업은 최근 3개월 이내의 국민건강보험료 부과선정내역서

• 신용보증서 발급: 지역신용보증재단, 신용보증기금

신청인의 신용, 재정상태, 경영능력, 사업성 등을 종합적으로 평가하여 신용보증서 발급

순수 신용이나 담보부 대출을 하려는 소상공인은 소상공인지원센터에서 상담 후 신용보증기관을 거치지 않고 대출취급은행에서 직접 대출

지역 신용보증재단에 따라 배우자의 신용도를 반영하여 평가할 수 있음

• 자금대출: 대출 취급은행

대출 취급은행에서 신용 평가, 담보 감정, 보증기관의 신용보증서 확인 등의 절차를 거쳐 대출

참고로, 소상공인지원센터 외에 정책자금을 대출할 수 있는 기관과 그 내역을 보면 표 9-2와 같다.

표 9-2 정책자금 대출기관과 내역[2]

기관명	대출 내역
근로복지공단	점포 지원자금 : 현장실습 및 단기 창업교육 이수자 1. 장기 실업자 자금 2. 실직여성가장 자영업자금 -1억원 이내 점포 보증금으로 전세권 설정 가능해야 함 -월세인 경우는 80만원 이내로서 500만원의 보증보험증권을 요함
여성부 여성인력개발자금	여성기술인 대출 -7000만원 이내, 담보 요망 -기술자격증 소지자 및 창업교육 72시간 이상 이수자
여성경제인협회	여성가장 창업지원자금 : 점포 임대보증금에 한함 -보증금 5000만원 이내(전세권 설정 가능해야 하고, 월세인 경우 월 64만원 이내여야 함) -남편이 장애인일 경우 : 장애 3등급 이내 -재산이 있는 경우는 7000만원 이내일 경우
장애인고용촉진공단	자영업 창업자금 -5000만원 한도, 담보 요함 -점포 임차보증금 및 시설자금 -3월과 7월 신청접수 -지원대상자로 결정되면 창업교육을 이수하여야 함
국가보훈처	국가유공자 및 제대군인 : 2000만원 이내로 창업교육 이수자

2 장정용, 『창업선수들은 왜 망하지 않을까?』, 지식공감, 2012.

<table>
<tr><th colspan="5">소상공인 정책자금 융자 신청서</th></tr>
<tr><td rowspan="6">업
체
현
황</td><td>업 체 명</td><td></td><td>대 표 자</td><td></td></tr>
<tr><td>법인등록번호</td><td></td><td>주민등록번호</td><td></td></tr>
<tr><td>사업자등록번호</td><td></td><td>사업개시일</td><td>년 월 일</td></tr>
<tr><td>사업장 주소</td><td colspan="3"></td></tr>
<tr><td>전화번호</td><td>( ) –</td><td>휴대폰</td><td>( ) –</td></tr>
<tr><td>제조업 여부</td><td>☐ 제조업 ☐ 비제조업</td><td>업종</td><td></td></tr>
<tr><td rowspan="11">신
청
내
용</td><td>구 분</td><td colspan="3">세 부 신 청 내 용 (해당란에 ☑ 표시)</td></tr>
<tr><td rowspan="2">융자희망금액</td><td colspan="3">총액 : 백만원</td></tr>
<tr><td colspan="3">☐ 시설 : 백만원 ☐ 운전 :백만원</td></tr>
<tr><td rowspan="2">기융자내역
(소상공인 정책자금
에 한함)</td><td colspan="3">☐ 해당 ☐ 해당없음</td></tr>
<tr><td colspan="3">* ( )은행 ( )백만원</td></tr>
<tr><td rowspan="2">담보종류</td><td colspan="3">☐ 부동산 ☐ 신용보증서 ☐ 순수신용(은행)</td></tr>
<tr><td colspan="3">* 보증기관 : 재단(기금) 지점</td></tr>
<tr><td>취급은행</td><td colspan="3">☐ ( )은행 ( )지점</td></tr>
<tr><td>업 력</td><td colspan="3">☐ 3개월 미만 ☐ 6개월 미만 ☐ 1년 미만 ☐ 1 ~ 3년
☐ 3 ~ 7년 ☐ 7년 미만 ☐ 7년 이상</td></tr>
<tr><td>세금체납 여부</td><td>☐ 정상 ☐ 체납중</td><td>금융기관연체 여부</td><td>☐ 정상 ☐ 연체중</td></tr>
<tr><td colspan="4"></td></tr>
<tr><td rowspan="2">사
업
별
신
청</td><td>일반지원자금</td><td colspan="3">☐ 창업교육 ☐ 경영개선교육 ☐ 소상공인컨설팅
☐ 나들가게 ☐ 프랜차이즈 ☐ 시니어
☐ 신사업개발 ☐ 물가안정모범업소
☐ 장기실업자 ☐ 여성가장</td></tr>
<tr><td>특화지원자금</td><td colspan="3">☐ 소공인 특화지원* 중소기업진흥공단에서 신청 · 접수
☐ 협업화 지원
☐ 성장유망형 소상공인 지원
☐ 장애인 기업활동 지원
☐ 재해 소상공인 지원* 지역신용보증재단에서 신청 · 접수</td></tr>
</table>

상기와 같이 중소기업청 소관 소상공인 정책자금 융자를 신청하며, 기재내용이 사실과 다름이 없음을 확인합니다.

년 월 일

성명:______________

※ 첨부서류: 신분증(본인) 사본 1부, 사업자등록증 사본 1부, 상시근로자 확인가능 서류 1부, 사업계획서 1부, 정책자금 융자신청 자가진단 1부, 개인(신용)정보 동의서 1부

청년전용창업자금 신청에 따른 유의사항 안내

1. 청년전용창업자금은 융자금으로 상환의무가 있으며, 중진공 또는 은행 중 1개 기관을 통해서만 지원받을 수 있습니다.

2. 신청 편의를 위해 증빙서류를 받지 않고 자가진단을 통해 지원제외 대상여부를 확인하고 있으나, 향후 대출 시점에서의 서류(사업자등록증, 법인등기부등본, 국세 · 지방세 납세증명서, 금융거래확인서 등) 확인 등으로 결격사유* 발견 시 지원 결정이 취소될 수 있습니다.
   * 업력, 업종, 연체, 정책자금 융자 · 보증 이력 등의 융자제한 사유(자가진단표 참조)

3. 창업성공률 향상을 위해 4박 5일간의 교육 · 컨설팅 과정을 운영하고 있습니다. 체계적인 사업계획서 작성 및 효과적인 프레젠테이션 등으로 본 과정 참가자의 지원대상 선정률이 참가하지 않는 경우에 비해 높다는 점을 참고하시기 바랍니다.(예비창업자는 교육 · 컨설팅 과정 필수)

4. 교육 · 컨설팅 미참가 기업은 사업계획 심의 전까지 창업자 역량 평가를 별도로 실시하게 됩니다.(현장방문 또는 심층면담 실시)

5. 사업계획 심의 시 프레젠테이션 양식 및 구성은 자유롭게 선택하실 수 있으나, 객관적이고 효과적인 평가를 위해 다음 내용은 반드시 포함하셔야 합니다.

   - SWOT 분석(추진사업의 강점, 약점, 기회, 위협 요인에 대한 분석과 대응계획)
   - 사업단계별 추진일정(개발, 마케팅, 판매 및 수익실현 등)
   - 창업아이템(또는 기술)의 경쟁력 및 관련 산업의 시장 현황과 전망
   - 수요 예상 및 매출 · 수익성, 고용창출 전망
   - 자금조달 계획 및 차입금(예정금액 포함)에 대한 상환계획

6. 자금 지원 후 1년간 멘토링 활동 및 대출금 사용내역 점검을 실시하게 되며, 사업과 무관한 용도*로 사용한 경우에는 조기 회수 등 제재 조치를 받을 수 있습니다.
   * 사적유용, 타인에 대한 대여 및 투자, 비영업용 자산취득, 기타 불분명 지출 등

※ 이상의 내용을 충분히 읽고 숙지하였음을 확인합니다.

20　　년　　월　　일

신청인(대표)________________(서명)

사업계획서[3]	
창업 동기	(창업 목적, 배경 및 창업자의 주요 경력 등) * 청년창업협의회 추천기업의 경우, 정부지원사업 참여성과 포함
창업아이템의 개요	(창업아이템의 내용 및 특징, 시장상황, 경쟁력, 제품의 시장성, 손익 분석 등)
사업추진 계획	(제품개발 및 사업화 목표, 자금 조달 계획(중진공 융자금 포함), 수요 및 판매 전략 등 기재)
창업 애로 사항	(창업 시 예상되는 애로 사항)
기대 효과	(창업에 따른 인력 채용 등 사회 · 경제적 파급 효과)

3 소상공인 정책자금을 융자받거나 청년전용창업자금을 융자받기 위해서는 사업계획서의 작성이 중요하다. 사업계획서의 내용은 자세하게 작성하여야 하고 또한 실현가능성이 높아 보이도록 작성하여야 한다.

9-2 사업장 확보와 사업 인 · 허가 및 등록

(1) 사업장 확보

앞의 창업 과정을 거쳐서 사업장이 결정되었으면 이를 구입하거나 임대를 통해서 확보하여야 한다. 대부분의 창업자들은 충분하지 않은 창업 자금으로 인해 건물을 매입하기보다 사업장을 임대하여 창업을 진행하고자 한다. 사업장을 임대할 경우에 임대 계약에 앞서 몇 가지 주의해서 확인하는 것이 차후에 일어날지도 모르는 불상사를 막을 수 있다.

사업장을 계약하기 전과 계약 시에 확인할 사항은 다음과 같다.

① 사업장에 대한 등기부등본을 확인한다

등기부등본에서 건물이나 땅의 실주인을 확인하고 건물에 대한 대출 내역이 있는지 파악하며 또한 도시계획에 포함되어 있는 건물은 아닌지를 확인해야 한다.

② 건물의 활용도를 확인한다

건물의 용도를 파악하여 창업자가 창업하는 업종으로 사용가능한지를 확인하여야 한다. 구청에서 건축물관리대장과 토지대장, 토지이용계획확인원을 발급받아 살펴보면 건물의 활용도를 알아볼 수 있다.

③ 사업장에 고객들의 접근성이 용이한지를 알아보아야 한다

이를 위해서는 출입문의 위치나 방향 등 사업장의 구조를 꼼꼼히 살펴보아야 한다.

④ 계약서에는 세부적인 내용까지 명시하도록 한다

계약할 때는 건물주와 직접 계약하도록 하고 계약서에 건물의 하자보수 조건, 계약갱신 조건을 비롯하여 권리금의 양도에 대한 내용까지 세부적인 내용을 명시하도록 한다.

⑤ 계약 후에는 법적 보호 조치를 취한다

계약 후에는 반드시 전세권 설정 등과 같은 법적 보호 장치를 이용하여 귀중한 재산의 손실이 일어나지 않도록 방비한다.

(2) 사업 인 · 허가 및 등록

사람이 태어나면 출생신고를 해서 세상에 나왔음을 알려야 하듯이 창업을 위한 사업체를 운영하자면 사업자 등록을 해야 한다. 사업자 등록이란 납세 의무가 있는 사업자가 사업을 개시할 때 사업장마다 사업의 주요한 사항들을 사업장 관할 세무서의 등록대장에 등록시키는 것을 말한다. 사업자등록은 사업을 개시한 날로부터 20일 이내에 하여야 한다. 사업자 등록을 하지 않고 영업을 하다가 세무서 또는 관계기관에 적발되면 무거운 가산세를 물어야 하니 잊지 말고 사업자 등록을 먼저 하도록 하여야 한다.

사업자 등록을 위해서는 사업자등록신청서를 사업장 관할 세무서 민원봉사실에 접수하여 사업자등록증을 교부받으면 된다. 사업자 등록에 필요한 서류로는 사업자등록신청서 1부, 주민등록등본 1부(개인 사업자), 법인등기부등본 1부(법인 사업자), 사업허가증 사본 1부(인·허가 등록을 해야 하는 경우), 임대차 계약서 사본 1부 등이 있다.

대부분의 영세 사업자들이 하는 창업의 경우 사업자 등록만으로 영업을 할 수 있지만 업종에 따라서는 사업자 등록 전에 인·허가가 필요하기도 하다. 창업하고자 하는 업종이 인·허가와 관련된 업종인지 여부는 관할 시·군·구청이나 관할세무서에 사전에 문의하는 것이 바람직하다. 인·허가라 함은 특정한 영업설비 또는 영업행위에 대한 권리를 인정하는 행정처분을 의미하는 것이다. 관계기관의 인·허가를 필요로 하지 않는 사업이라면 앞에서 언급하였듯이 사업개시일 20일 이내에 사업자등록신청서를 관할 세무서장에게 제출함으로써 사업을 시작할 수 있다.

인·허가가 필요한 업종은 크게 허가/면허업종, 지정업종, 등록업종, 신고업종 등으로 구분할 수 있는데 이를 살펴보면 다음과 같다.

① 허가/면허업종

허가/면허업종은 해당기관에 법령에서 정한 일정한 요건을 갖추어 사업을 시작하겠다고 신청할 경우에 해당기관이 그 적정성 여부를 판단하여 사업을 개시할 수 있는 허가나 면허를 부여하는 업종을 의미한다.

② 등록업종

등록업종은 해당업종의 사업자로 해당기관에 등록을 한 후에 사업을 개시할 수 있는 업종이다.

③ 신고업종

신고업종은 영업을 하기 위하여 해당기관에 영업을 한다고 신고한 후 신고증을 발급받아 영업을 시작하는 업종이다.

④ 지정업종

지정업종은 해당업종의 영업행위가 가능한 업체라고 해당기관으로부터 지정을 받아야 하는 업종이다.

허가/면허업종, 지정업종, 등록업종 및 신고업종에 속하는 업종은 표 9-3 에서와 같이 분류되며, 이에 해당되지 않는 소규모 창업은 자유업종이라 하여 아무 절차나 조건 없이 사업을 시작할 수 있다.

표 9-3 업종 구분과 해당업종

업종 구분	업종
허가/면허업종	각종학원, 고압가스판매업, 경비업, 단란주점영업, 독서실, 먹는샘물제조업, 목욕탕, 미술학원, 석유판매업, 소방용기계기구제조업, 속셈학원, 숙박업, 식품접객업, 식품제조·가공업, 용역경비업, 유기장업, 유료노인복지시설, 유료직업소개업소, 음식점업, 인터넷컴퓨터게임방, 의약품도매업, 의약품제조업, 의료용구 및 위생용품제조업, 전당포업, 주류판매업, 중고자동차매매업, 직업소개소업, 컴퓨터학원, 컴퓨터공부방, 폐기물처리업, 피아노학원, 화장품제조업
등록업종	건축사, 공인중개사, 공해방지시설업, 관광숙박업, 계량기제작수리업, 노래연습장업, 농약수입업, 농약제조판매업, 다단계판매업, 담배수입판매업, 대부중개업, 독서실, 부동산중개업, 보험대리업, 비디오감상실, 승강기 및 부품제조업, 안경업소, 약국, 여행업, 외국간행물수입업, 음반판매업, 인쇄소, 자동차운전알선업, 전기용품제조업, 전문서비스업, 창고업, 출판인쇄업
신고업종	건설기계매매업, 결혼상담업, 골프연습장업, 공중위생업, 교습소, 기술관련서비스업, 노래연습장, 당구장, 동물병원, 만화대여업, 먹는샘물수처리제및 용기수입업, 목욕탕업, 무도학원, 미용업, 산후조리원, 세척제제조업, 세탁업, 옥외광고업, 위생관리용역업, 이용업, 일반음식점, 장난감제조업, 장례식장업, 제과점, 체육시설업, 혼인예식장업, 휴게음식점, PC방업
지정업종	건강보조식품 판매업, 건설기계매매업, 무역대리업, 양곡매매업, 제조담배소매업, 종묘판매업

9-3 개업 준비

사업장이 확정되고 사업장 임대 절차가 끝났으면 다음과 같은 단계로 개업 준비를 하여야 한다.

(1) 내부 시설과 실내 장식

개업에 앞서 사업장의 내부 및 외부 장식을 하는 것은 기본적인 일이다. 내부 시설물 중에 가장 필수적인 것은 냉·온방 장치이다. 이 장치를 포함하여 간판, 쇼윈도, 출입문에 필요한 전기 장치 및 조명을 설치한다. 내부 장식이나 실내 구조는 주인의 편리함보다 고객이 이용하는 데 편리하고 고객의 감성을 자극할 수 있도록 고객 중심의 개념에 맞추어 설계하여야 한다. 간판이나 쇼윈도는 사업장에 대한 첫인상을 제공하는 것이므로 고객의 구매 욕구를 자극할 수 있도록 효과적으로 만들어야 한다. 특히, 간판은 사업체에 대한 이미지를 결정짓는 중요한 역할을 하기 때문에 그 크기나 글씨체, 색깔의 조화가 잘 이루어지도록 만들어야 한다.

(2) 상품이나 재료의 구매 경로 확정

상품이나 재료를 구매하기 위해서는 이에 대한 시장조사가 선행되어야 한다. 시장조사를 통해 구매 경로 및 경로별 특성이나 가격 등을 알아내고 가장 적합한 구입처를 선정하여 상품이나 재료를 구매한다. 이때 신경 써야 할 점은 관련 품목을 취급하는 판매처를 복수로 확보하는 것이다. 이는 가격 경쟁을 위해서도 좋고, 만일의 경우 한 판매처에서 문제가 생겨 물품을 구입 못하는 사태에 대해서 대비할 수 있기 때문이다.

(3) 광고, 홍보 계획 수립

홍보 및 판촉물을 제작하고 이를 이용한 광고 및 홍보를 어떤 방법으로 할 것인지 계획을 수립한다.

(4) 개점

개점을 위해 필요한 인력을 고용하고 개점을 알리는 오픈행사와 함께 사업장의 문을 열도록 한다.

익힘문제

1. 창업자금 산출 시 주의해야 할 점은 무엇인가?
2. 자금소요계획에 포함시킬 항목은 무엇인가?
3. 타인자본에 속하는 것은 무엇인가?
4. 일반금융에는 어떤 것이 있는가?
5. 정책금융이란 무엇인가?
6. 사업장을 계약하기 전과 계약 시에 확인해야 할 사항은 무엇인가?
7. 인 · 허가가 필요한 업종은 무엇인가?
8. 어떤 업종이 허가/면허업종에 속하는가?
9. 개업 준비에 필요한 항목은 무엇인가?

창업 Topic

법도 외면한 돈, 상가 권리금 해부

최○○(55)씨는 서울 홍익대 앞에서 곱창집을 하고 있다. 곱창 장사 25년에 특유의 냄새를 말끔히 없애는 노하우가 생겨 단골이 많다고 한다. 다른 데서 장사하다 2011년 3월 홍대 앞의 아담한 2층 건물로 이전했다. 보증금 1억원에 월세 700만원. 예전 상인에게 권리금 2억원을 줬고 1·2층 인테리어에 1억7000만원을 들였다. 중심 상권에서 '승부'를 해보자고 상당한 빚을 얻어 투자했다.

'권리금 폭탄' 개념도

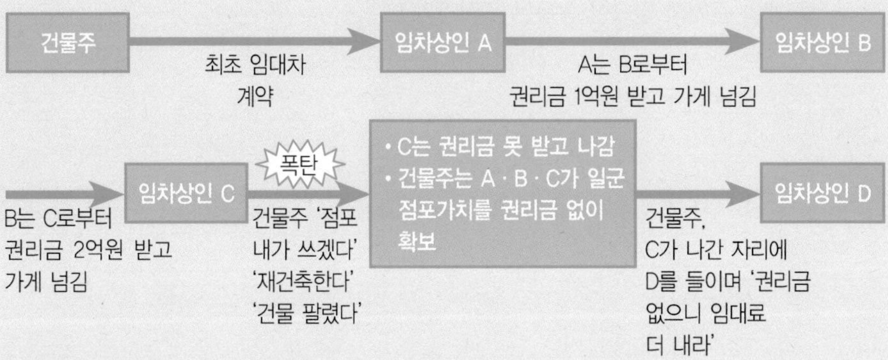

"내가 나가면 건물주는 앉아서 3억원쯤 번다"

계약 기간은 2년이었다. 상가 임대차 계약은 통상 1~3년마다 갱신하며 임대료를 조정한다. 재계약을 앞둔 2012년 11월 건물주가 갑자기 이 건물을 팔았다. 최씨는 팔린 것도 몰랐다가 새 건물주로부터 계약 기간이 끝나면 나가라는 통보를 받았다. 자신이 직접 여기서 장사하겠다는 것이었다.이렇게 나갈 경우 최씨의 권리금 2억원은 고스란히 증발한다. 다음 임차인에게 받아야 하는 권리금은 건물주가 "내 건물 내가 쓰겠다" 하는 순간 '폭탄'으로 돌변한다. 법에 명시되지 않은 임차인 간의 거래 관행이어서 현행법상 건물주에겐 권리금을 물어줘야 할 아무런 책임이 없다. 최씨는 "내가 나가면 새 건물주는 앉아서 3억원을 손에 쥐게 된다"고 말했다. 어떤 상인이 장사를 잘해서 그 점포, 그 거리를 찾는 이가 많아지면 다음 상인은 장사하기가 한결 수월하다. 최씨는 그 무형의 가치를 인정해 권리금을 주고 점포를 넘겨받았다. 2년간 장사하며 손님이 더 늘어 지금은 권리금 3억원에도 들어오려는 상인이 있다. 새 건물주는 이 3억원짜리 가치를 공짜로 차지하게 됐다는 뜻이다. 상가임대차보호법은 임차인에게 5년간 계약갱신요구권을 준다. 그런데 조건이 있다. 환산보증금(보증금+(월세×100))이 일정 기준(서울 4억원, 광역시 2억4000만원 등) 이하인 작은 점포 임차인에게만 적용된다. 최씨는 이 기준을 초과해 법의 보호를 받지 못하고 불과 2년 만에 명도소송(점유하고 있는 점포를 돌려 달라고 건물주가 제기하는 소송)을 당했다.

권리금은 홍길동 같은 돈… 내 자식은 맞는데 호적엔 없어

그렇다면, 상가임대차보호법이 적용되는 환산보증금 기준 이하의 점포 권리금은 얼마나 안전할까. 신○○(32)씨는 2012년 11월 홍대 앞 후미진 골목의 단독주택 반지하 18평 공간을 빌려 '○○○'이란 주점을 차렸다. 인디음악을 해 오다 작은 문화공간을 만들어 보려고 시작했다. 보증금 3000만원에 월세 90만원. 환산보증금은 3000만+(90만×100)=1억2000만원이다. 계약 당시 기준인 3억원(법이 개정돼 올해부터 4억원이 됐다)에 못 미쳐 법의 보호를 받는다. 하지만 신씨는 지난해 9월 명도소송을 당했다. 건물주는 점유이전금지 가처분신청을 함께 냈고 법원이 받아들여 지금 그의 점포에는 법원 집행관이 가져온 양도 금지 '딱지'가 붙어 있다. 이 점포를 신씨가 다른 상인에게 넘길 수 없다는, 다시 말해 권리금을 받을 수 없게 됐다는 표시다. 신씨도 건물이 팔린 경우였다. 개업 6개월 만에 부동산에서 건물주가 바뀌었다고 연락이 왔다. 새 건물주는 월세를 150만원으로 올리고, 옛 건물주 동의 아래 설치한 조명과 간판 등 외부 구조물 철거를 요구했다. 거부하자 구조물이 건축법에 저촉돼 계약 해지 사유라며 명도소송을 낸 것이다. 신씨는 가정집이던 곳을 6000여만원 들여 점포로 개조했다. 전에 장사하던 상인이 없는데도 권리금 1000만원을 내야 했다. 중개한 부동산은 이를 '바닥권리금'이라고 불렀다. 개업 당시 그 골목엔 '○○○'을 포함해 점포가 2개뿐이었다. 밤이면 가게 불빛이 없어 캄캄했던 곳인데 지금은 카페와 주점 등 10개 넘게 들어섰다. 이 골목 상인들은 대부분 개업 전에 신씨 가게를 답사했다. 주말엔 빈자리가 없고 평일에도 손님이 이어지는 걸 보고는 여기에 터를 잡았다. 신씨의 투자와 영업이 창출한 골목상권, 그 가치를 인정받을 유일한 방법이 권리금인데 그는 그럴 기회를 박탈당하게 됐다. "권리금은 아비를 아비라 부르지 못한 홍길동 같은 돈이에요. 분명 내 자식인데 호적에 없으니 법적 보호를 받지 못해요. 만약 '○○○'

을 지금 다른 상인한테 넘기면 최소한 수천만원은 권리금을 받을 텐데… 건물주들은 '양도하게 해 주겠다'고 말만 하다 명도소송을 내곤 하죠."

임차상인 '권리금', 건물주의 '권리'가 되다

"건물주들이 '양도하게 해 주겠다'고 말한다." 여기서 '양도하게 해 주다'는 다음 임차인에게 권리금 받고 점포 넘길 기회를 허락한다는 뜻이다. 임차인이 권리금을 받느냐 못 받느냐는 건물주 마음에 달려 있다는, 그러니까 권리금 폭탄의 스위치를 건물주가 쥐었다는 얘기가 된다. 서울 종로구청 앞에서 중국집 'ssn'을 운영하는 신○○(53)씨도 같은 말을 했다. 그는 지난달 말로 임대차 계약 기간이 끝났는데 이달 들어 밤마다 가게에서 자고 있다. 건물주는 점포를 빼라 했고 그는 권리금도 못 받고 나갈 순 없다며 맞섰다. 환산보증금 기준을 넘어선 데다 18년째 여기서 장사해온 터라 상가임대차보호법은 아무 도움이 되지 못한다. 건물주의 법적 조치도 끝나 언제든 집달관이 들이닥칠 수 있다. 그걸 막아보겠다며 싸우는 중이다. 신씨는 중학교 졸업하고 상경해 큰형님이 하는 중국집에서 배달부터 시작했다. 짜장면 뽑는 기술을 배워 주방장이 됐을 때 분가해서 1995년 이 가게를 차렸다. 보증금 2000만원에 월세 200만원, 권리금 1억3500만원을 주고 들어왔다. 형님과 친척들한테 1억원을 빌렸다. 장사가 신통치 않아 상인이 자주 바뀌던 점포였다. 그런 곳에서 18년을 버티며 많은 단골을 확보했다. 권리금은 시간이 흐를수록 커지는 속성이 있다. 오래 장사했다는 건 그 점포를 약속장소로 삼았거나, 거기서 잊지 못할 추억을 얻었거나, 그 거리를 기억하는 랜드마크로 여긴 사람이 그만큼 많다는 뜻이다. 이 점포의 지금 권리금 시세는 1억5000만원이 넘는다. 신금수씨는 2년 전 점포 양도하고 나가겠다는 의사를 건물주에게 전했다고 한다. "그랬더니 (건물주가) 월세를 700만원에 맞춰놓고 나가라는 거예요. 당시 내 월세가 320만원이었는데 배 이상 올려놓으라는 겁니다. 그게 안 되면 다음 상인과 계약을 해주지 않겠다는 거죠. 누가 월 700만원에 들어오겠어요. 그렇다고 그냥 나가면 권리금을 못 받잖아요. 하는 수 없이 눌러앉았죠." 그러고 한참 뒤 건물주에게서 내용증명이 날아왔다. 계약 기간이 끝나면 자신이 점포를 쓰려 하니 비워 달라는 거였다. '내 건물 내가 쓰겠다'라는 권리금 폭탄 스위치를 눌러버린 것이다.

상가 명도소송 1년에 1만5000건… "법대로 하면 어쩔 도리가 없다"

권○○ 서울시 민생경제자문관은 변호사다. 서울시가 민생 대책을 총괄토록 신설한 자리에 공채로 발탁됐다. 권리금을 비롯해 임차상인 문제를 풀기 위한 태스크포스팀도 주관하고 있다. 얼마 전 울산에 사는 친척이 그에게 자문을 구해 왔다고 한다. 친척은 조그마한 피자집을 하고 있다. 권리금 2000만원을 주고 점포를 얻었는데 맛이 좋았는지 장사가 아주 잘됐고 단골도 많이 생겼다. 환산보증금 기준 이하여서 상가임대차보호법이 적용된다. 법이 정한 보호기간 5년이 지나자 건물주가 재계약을 거부했다. "그 점포에서 장사를 더 하고 싶다, 정 안 되면 양도라고 하면 좋겠다, 양도하면 권리금 5000만원은 받을 수 있다, 어떻게 하면 좋냐 하더군요. 제가 변호사에다 민생경제자문관이라니까 방법을 알겠다 싶어 전화한 거였는데 '어쩔 수 없다. 도리가 없다' 그랬어요. 계속 장사하면 괜찮은 브랜드로 클 수도 있는 자영업자들이 이렇게 길어야 5년 만에 권리금 폭탄 맞고 좌절하는 게 현실입니다. 이런 마당에 정부가 창업을 장려한다? 앞뒤가 안 맞는 거죠." 2012년 '건물 명도 및 철거' 관련 소송은 모두 3만3396건이 제기됐다. 전체 민사소송의 11%나 된다. 대법원 관계자는 "그중 절반가량이 상가 임대차와 관련된 분쟁"이라고 했다. 해마다 법원에 권리금이 얽힌 임대차 분쟁 1만5000건 이상이 접수되고 있다는 얘기다. 권 자문관 친척처럼 법원까지 가지도 못하는 경우를 감안하면 이보다 훨씬 많을 게 분명하다.(국민일보, 2014.01.13)

제3부

창업 실태 예시 및 분석

제 10 장

창업 사례 분석: 팬시문구점

수많은 업종이 있는 자영업 시장에서 특정 업종을 선택하여 창업 사례를 논의하기가 쉽지 않으나 주변에 쉽게 눈에 띄는 업종 중의 하나인 팬시문구점 창업을 예로 하여 창업에 대한 이해를 돕고자 한다. 본 사례에서 적용하는 수치는 창업하는 지점이나 형태에 따라 달라질 수 있음을 염두에 두기 바란다.

본 사례는 다음과 같은 목차로 다루기로 한다.

1. 팬시문구점의 현황
2. 시장에서의 경쟁 환경
3. 사업 전망
4. 입지 선정
5. 초기 투자비용
6. 수익성 분석

10-1 팬시문구점의 현황

예로부터 문구점 운영은 상당히 복잡하다고 볼 수 있다. 2,000가지가 넘는 상품을 취급하다 보면 상품의 진열도 쉽지 않고 그 유통 단계도 파악하기 어려울 정도이다. 제조업, 도매업, 소매업에 걸쳐 수많은 상품들이 유통되는 가운데 이들이 소비자들의 소비 패턴이나 유행 변화에 민감하게 대처하지 못하기 때문에 문구점 계통의 운영이 쉽지만은 않다. 팬시문구점도 초기에는 기존 문구점과의 차별점을 만들지 못해 창업과 동시에 폐업하는 경우가 많았다. 그러나 기존 문구점과의 차별화를 위해 문구의 진열 상태에 변화를 주고 취급하는 판매용품을 학용문구, 팬시용품, 선물용품, 엑세서리 및 완구 등으로 확장시켜 유행에 민감한 소비자들의 성향에 대처해 가며 문구점 계통에서 그 입지를 세워 가고 있다.

10-2 경쟁 환경

팬시문구점의 경쟁업체들의 경쟁 상태는 그림 10-1과 같이 기존의 소형 문구점, 대형 문구센터, 대형 할인매장 등을 들 수 있다.

그림 10-1 팬시문구점의 경쟁 구도

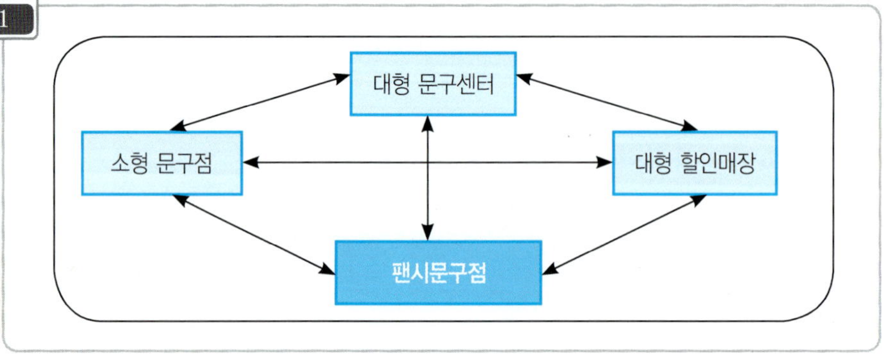

(1) 팬시문구점과 소형 문구점

팬시문구점은 기존 소형 문구점을 능동적으로 발전시킨 문구 전문점이다. 팬시문구점이 소형 문구점의 주요 취급 물품인 문구류를 취급하기 때문에 판매품 측면에서 상호 경쟁자 관계에 놓이게 되었다. 그러나 소형 문구점이 객단가 1,000원 정도의 학용문구 위주로 판매하는 반면 팬시문구점은 평균 객단가 3,500원 정도의 캐릭터 문구를 취급하고 있기 때문에 주력 판매 품목이 다르고 주변 인구 흡수 측면에서 상호 보완성이 있다고 본다.

(2) 팬시문구점과 대형 문구센터

대형 문구센터는 가격 및 제품의 다양성 측면에서 강점을 갖고 있다. 그러나 소형 문구점과 마찬가지로 소비자들의 유행 민감도에 대한 대처가 느리다는 문제가 있다.

(3) 팬시문구점과 대형 할인매장

대형 할인매장은 유행에 둔감한 제품이나 가격단가를 낮추기 위한 비메이커 제품을 묶음판매 형태로 판매하기 때문에 유행에 민감하게 움직이는 팬시문구점의 운영 상태와 차이가 많이 난다. 이러한 대형 할인매장은 팬시문구점의 매출액에 큰 영향력을 미치지는 않는다.

10-3 사업 전망

팬시 문구점은 기존의 소형 문구점이 지니고 있는 매장 형태인 복잡한 진열 형태를 벗어나 정돈된 진열 형태를 유지하며 고객을 흡수하고 있다. 팬시문구점은 예전에 미국에서 '미키마우스'와 같은 캐릭터 상품이 많이 팔렸던 것과 같이 '뽀로로'나 '둘리' 등과 같은 유명 캐릭터 상품을 도입하여 매출을 올릴 수 있도록 하고 있다. 이와 같은 사업 방향은 캐릭터 산업이 뜨고 디자인 산업이 발달할수록 더욱 긍정적으로 인식되고 있다.

팬시문구점은 시즌별 행사에 어떻게 대처하는가에 따라 매출에 영향을 받는다. 여기서 시즌이라 함은 신학기, 발렌타인데이, 화이트데이, 어린이날, 어버이날, 스승의날, 대학수학능력시험일, 크리스마스 등을 말한다. 팬시문구점의 수익은 많은 부분을 시즌별 행사에 의존하며 특히 8월 방학기간과 12월 하순~1월 동안은 비수기에 해당되기 때문에 창업 시기도 이에 맞추어 조정해야 한다.

팬시 문구점은 유행에 민감하게 대처할 수 있어야 하기 때문에 개인 독립사업체로 시작하는 것보다 프랜차이즈 가맹점으로 시작하는 것이 바람직하다.

10-4 입지 선정

팬시문구점에 적합한 입지로는 주로 아파트와 주거 밀집지역이 좋다. 또한 중·고등학교 근처도 비교적 좋은 지역으로 본다. 아파트 밀집 지역의 경우에는 기본적인 잠재고객을 끼고 있어서 안정적이라고 볼 수 있다. 주 소비층이 아파트 주민과 초·중·고등학생인데 이들을 대상으로 할 경우에는 상품 판매가 용이하고 가격이 어느 정도 비싸도 판매가 가능하다. 중·고등학교 근처의 매장인 경우에는 유행과 시즌 행사에 민감한 중·고등학생을 대상으로 시즌 판매가 가능하다. 단, 기존 팬시문구점의 존재나 소형 문방구가 선점되어 있는 지역은 피하는 것이 좋다.

10-5 초기 투자비용 산출

초기 창업투자 비용의 산정에는 여러 변수가 작용한다. 첫째, 프랜차이즈에 가맹할 경우에 프랜차이즈 본부에 따라 각기 다른 가맹비와 부가 요구 금액이 있을 수 있고, 둘째, 매장 크기에 따른 임대 보증금의 차이가 있으며, 셋째, 인테리어의 정도에 따라 투자 비용이 달라질 수 있다. 따라서 창업투자 비용을 산출할 때에는 이들의 세부 내용을 잘 살펴보아야 한다. 표 10-1 은 팬시문구점의 창업투자 비용의 예를 보여 준다.

표 10-1 팬시문구점의 창업투자비용

(단위: 만원)

내역	금액	비고
임차보증금	2,000	권리금 제외
인테리어 비용	1,400	
초도상품비	1,500	
프랜차이즈 가맹비 등	200	
초기 운전자금	1,200	추가 상품 구입비
합계	6,300	

10-6 수익성 분석

팬시문구점은 상품에 대한 마진율을 40% 정도로 산정한다. 소형 문구점과 달리 상품의 가격 분포는 3,000원에서 10,000원 사이로 평균 단가를 6,000원 정도로 산정하였을 때 표 10-2와 같은 수입과 지출 내역을 얻었다고 보자.

표 10-2 팬시문구점의 수입 · 지출 내역

(단위: 만원)

내역	수입	지출
매출액	1,500	
상품구입비		700
임대료		150
인건비		200
제세공과금		20
합계	1,500	1,070
순이익		430

표 10-2에 의하면 총매출액은 1,500만원이고 총지출액은 1,070원으로 430만원의 수익을 올렸다. 이상의 수입·지출 내역으로 손익분기점에 도달할 수 있는 일평균 고객수를 계산해 보도록 하자.

손익분기 고객수＝총지출/ 평균구입비/30일＝1,070,0000/6,000/30＝59.4(명)

이는 상품을 구입하는 고객이 하루 약 60명 이상이 되어야만 수익을 올릴 수 있다는 것을 보여 준다.

제 11 장

창업 프로젝트

창업의 현실을 경험하기 위한 체험 프로젝트

본 창업 프로젝트의 목적은 이 책에서 소개한 창업의 내용에 실질적인 시장에서의 체험을 더하여 창업에 대한 이해를 돕고자 하는 데 있다.

이 책을 통해 창업에 대하여 습득하고 논의하는 것은 기본적인 사항이나 창업이라는 것은 실질적인 현장 감각을 통해서야 비로소 이해할 수 있는 분야라고 본다. 즉, 창업 현장을 직접 실사하고 시장에 대한 실상을 체험하지 않고서는 창업에 대한 올바른 이해나 가치관을 갖기 어렵다는 것이다. 따라서 본 프로젝트에서는 예비 창업자들의 현실 감각을 일깨워 주는 데 필요한 내용을 포함하기 위하여 만일 창업을 한다면 어떤 식으로 창업을 진행할 것인지를 예비 창업자 스스로 정리하고 조사하고 결론을 내릴 수 있도록 유도한다.

본 프로젝트는 독자 자신이 소규모 사업 예비 창업자로서 창업 자금 ○천만원 한도로 창업을 할 경우를 상정하여 진행하여야 하며 다음과 같은 프로젝트 진행 순서에 따른 결과물을 제출하여야 한다.

① 창업하고자 하는 업종과 아이템은 무엇인가?

업종과 아이템의 선정 이유나 과정을 밝혀야 한다(예를 들면 시장조사를 통한 결과물인지 본인의 취미나 적성과 맞는 분야인지 등).

② 창업은 어느 지역에서 하고자 하며 그 이유는 무엇인가?

③ 창업하고자 하는 입지에서 본인이 창업하고자 하는 업종에 대한 상권 현실은 어떠한가?

이 분석에는 '중소기업청 상권정보시스템'을 이용한 분석을 먼저 실시하라. 그러고 나서 실질적인 현장 답사를 하여 앞에서 상권정보시스템을 이용한 분석과 차이가 있는지 알아보고 차이가 있으면 그 원인은 어디에 있는지를 알아보라.

④ SWOT 분석을 통한 본인이 선택한 업종과 아이템에 대한 사업 전망을 분석하라

⑤ 사업계획서를 작성하라

⑥ 창업 비용을 산출하라

현장 답사를 통한 건물 임대료, 시설비 등을 포함한 구체적인 비용 항목들을 산출하라.

⑦ 본인이 선택한 업종과 아이템을 다루고 있는 기존 업체를 방문하여 실질적인 월별 수익과 비용 등을 산출하고 손익분기점을 넘는 데 걸리는 기간을 알아보라

⑧ 에필로그를 작성하라

자료조사나 업체와 관련된 조사를 하면서 어려웠던 점, 재미있었던 일 등을 포함하여 본 프로젝트를 수행하면서 창업에 대하여 본인이 느낀 점을 기술하라

⑨ 프로젝트 결과를 발표하라

본 프로젝트 수행은 팀으로 이루어지는 것이 바람직하고 한 팀의 인원은 2~3명이 적당하다.

본 프로젝트를 제대로 수행하려면 상당히 긴 시간이 요구되므로 프로젝트 수행자는 이 점을 염두에 두고 가능한 한 충분한 여유 시간을 가지고 프로젝트를 수행할 수 있도록 프로젝트 수행 계획을 짜야 한다.

본 프로젝트에서 사용되는 양식들은 다음과 같다.

양식 1 창업 업종 및 아이템

업종 :	아이템 :
선정 이유나 선정 과정 :	

양식 2 창업 입지 선택

창업 입지 :
입지 선정 이유:
상권 분석 내용:

양식 3 SWOT 분석

강점(Strength)	약점(Weakness)
기회(Opportunity)	**위협(Threat)**

양식 4 사업계획서

회사명	
대표자	
회사정보	
사업분야	
경영목표	
시장분석	
사업장 선정 계획	
운영 계획	
재무 계획	
홍보 계획	
마케팅 전략	
일정 계획	

양식 5 **창업 비용 산출**

내역	금액	비고
임차보증금		권리금 제외
인테리어비용		
초도상품비		
프랜차이즈 가맹비 등		가맹할 경우
초기운전자금		추가상품구입비
합계		

양식 6 **창업 수익 산출**

내역	수입	지출
매출액		
상품구입비		
임대료		
인건비		
제세공과금		
합계		
순이익		

제4부

창업 후 운영 단계

제 12 장

운영 단계

단계	내용
계획 단계	• 목표 설정 • 정보 수집 및 분석 • 창업 업종 및 아이템 선정 • 창업 형태 결정
설계 단계	• 입지 선택과 상권 분석 • 사업타당성 분석 • 사업계획서 작성
실행 단계	• 창업 자금 산출 및 창업 자금 확보 • 사업장 확보와 사업 인 · 허가 및 등록 • 개업 준비
운영 단계	**• 경영자의 역할** **• 경영자에게 필요한 노력** **• 인적자원 관리** **• 마케팅 및 홍보 관리** **• 고객관계 관리**

창업 준비를 마치고 개업을 하여 사업장을 운영하기 시작했다면 창업자는 이미 경영자로서의 지위를 갖고 있는 것이다. 경영자로서의 창업자는 자신이 세운 창업 목적에 맞추어 사람과 자본을 조달하고 사업체 운영을 위한 경영전략을 수립하는 데 있어서 최종적인 의사결정자이다. 따라서 사업 운영에 있어서 수시로 닥치는 의사결정 문제를 올바르게 해결하기 위해서 경영자는 경영에 관한 전문지식을 갖출 수 있도록 항시 노력해야 하고 어떠한 상황에 처하더라도 올바로 대처할 수 있는 분석 능력과 상황 판단력을 갖추고 있어야 한다.

사업을 운영함에 있어서 경영자의 역할은 리더로서의 역할, 의사결정자로서의 역할 및 대외 협상자로서의 역할로 나누어진다.

12-1 경영자의 역할

(1) 리더로서의 역할

경영자는 자신이 속한 사업체의 대표자로서 사업체의 원활한 운영을 위하여 직원의 채용, 직원과의 업무 협의 및 관계를 적절히 이끌어 갈 책임이 있다. 이를 위해서 경영자는 리더십을 갖추어야 한다. 새로운 창업 사업장에서 리더십은 새로운 직원들과 융합하여 사업체를 잘 끌고 나가는 과정이라고 볼 수 있다. 이러한 관점에서 볼 때 경영자는 리더로서 직원들과의 교감을 이루도록 애써야 하며 동시에 사업장의 발전을 위하여 직원들이 협조하도록 직원들을 친밀하고 가족적인 분위기로 이끌 수 있어야 한다.

(2) 의사결정자로서의 역할

경영자는 경영 활동을 전개하며 끊임없이 수많은 업무에 대한 의사결정을 해야 한다. 의사결정자로서의 경영자는 때때로 군중 속의 고독을 느낄 만큼 사업체의 성장과 발전을 위한 결정을 내리는 데 어렵고 힘든 결정을 하여야 할 경우를 겪는다. 경우에 따라서는 사업체 운영의 존폐가 걸릴 수 있는 중대한 결정을 내려야 하기 때문에 경영자가 겪는 스트레스는 말로 표현할 수 없다. 따라서 의사결정자로서의 경영자는 강한 정신력을 유지할 수 있어야 한다.

(3) 대외 협력자로서의 역할

경영자는 자신의 사업체와 직·간접적으로 관련이 있는 다른 사업체들의 행사나 대외적 행사에 참석하고 사업체와 이해관계가 있는 외부 인사들과의 접촉을 통해 사업체의 운영과 관련된 정보를 수집하고 사업체의 위상을 올릴 수 있도록 노력해야 한다.

경영자가 위와 같은 역할을 원활히 수행하기 위해서는 끊임없이 배우고 노력하는 자세를 갖추어야 한다. 경영자가 성공적인 사업 운영을 위해 지속적으로 노력해야 할 사항들을 살펴보면 다음과 같다. 즉, 경영자는 끊임없이 배우고자 노력해야 하고 직원들을 포함하여 대·내외적으로 솔선수범하여야 하며 급변하는 환경에 맞추어 변화를 추구할 수 있어야 한다. 더욱이 소규모 사업체를 이끌어 가기 위해서는 사업체 주변 지역의 다른 업체들과 긴밀한 협조 체제를 만들어야 하고 또한 경쟁업체들과도 원만한 관계를 유지할 수 있도록 관계 형성에 노력해야 한다.

12-2 경영자에게 필요한 자세

① 끊임없이 배우고자 노력하라

연륜에 따른 경험은 무시 못한다는 말이 있다. 자신이 쌓아 온 학력이나 경력이 상당하더라도 새로이 창업하여 운영하는 사업에 있어서는 자신보다 먼저 창업하여 사업체를 운영하고 있는 사람들의 사업 운영 지식이나 경험이 자신보다 훨씬 좋을 수도 있다. 이는 박사 학위를 갖고 수많은 논문을 쓴 농업학자보다 평생 농사만 지으며 살아 온 농부의 경험상 논리가 훨씬 훌륭한 경우가 있는 것과 마찬가지이다. 따라서 성공적으로 사업을 이끌어 나가고 싶으면 주변 사업체의 경영자들에게 사업에 관한 자문을 구하고 그들의 노하우를 익힐 수 있도록 끊임없이 배우고자 노력해야 한다.

② 솔선수범하라

과거의 사업체에서는 경영자의 권위주의가 먹혀들었으나 오늘날에 와서는 권위만 내세우는 경영자에게 직원들은 더 이상 호감을 보이지 않는다. 경영자가 사업체를 원활히 이끌어 나가기 위해서는 직원들의 협조 없이는 불가능하다. 궂은 일 하기를 좋아하는 사람은 세상 어디에도 없다. 아무리 급여를 받고 일하는 직원이라도 그러할 것이다. 그러나 경영자가 솔선수범하여 궂은일이라도 먼저 처리하고 나서게 되면 직원들은 시키지 않아도 저절로 모든 업무에 적극적으로 나서게 된다. 이는 몸을 써서 행하는 경영자의 적극적인 교육이 될 수 있으며, 그 교육 효과는 사업 운영에 상당한 도움이 된다.

③ 변화를 추구하라

요즘 기업 환경은 예측할 수 없을 정도로 빠르게 변화하고 있다. 그리고 변화하는 환경을 따라가지 못하면 사업 운영이 어려워진다. 예를 들어 요식업 중에 제일 간단한 라면집을 운영할 경우를 생각해 보자. 예전 같으면 라면집 메뉴로서 일반 라면 외에 떡라면과 만두라면 정도가 전부였다. 그러나 요즘 이 메뉴만 가지고 라면집을 운영하고자 하면 많은 어려움에 부딪히게 된다. 세월이 흐르면서 라면에 대한 소비자들의 욕구도 많이 변했을 뿐만 아니라 TV 등의 프로그램을 통해 전해지는 수많은 퓨전 요리들 속에 변형된 라면 요리들도 포함되어 있기 때문이다. 이는 소비자들이 아는 만큼 경영자도 자신의 사업 운영이나 내용에 있어서 변화를 추구해야 한다는 것을 시사한다. 인터넷 시대에 빠르고 쉽게 얻을 수 있는 정보를 바탕으로 빠르게 변하는 고객들의 마음을 잡기 위해서는 미래에 닥쳐올 변화를 고객들보다 먼저 읽고 이에 대처할 수 있도록 경영자 스스로 변화를 추구하는 마음가짐을 가져야 한다.

12-3 인적자원 관리

경영자가 사업을 이끌어 나가는 데 가장 먼저 당면하는 문제가 인적자원 관리이다. 인적자원 관리는 인적자원의 확보, 개발, 활용, 보상 및 유지와 관련된 관리 활동을 말한다. 끊임없는 도전과 경쟁이 난무하는 현대 기업 환경에서 인적자원 관리의 성패에 기업의 성패가 달려 있다고 할 정도로 인적자원 관리는 중요시되고 있다. 인적자원 관리의 특징은 관리의 주체도 사람이며 관리의 대상도 사람이라는 것이다. 이것은 인적자원 관리에 있어서 타인에 대해서도 자신을 대하듯 인간의 존엄성과 자율성을 항상 마음에 두고 있어야 함을 의미한다. 인적자원 관리의 활동으로는 우수한 인력 확보와 관리를 들 수 있다.

(1) 인력 확보

사업을 영위하기 위한 직원의 채용은 사전에 어떤 업무에 사람이 필요한지를 파악하고 나서 시행한다. 완전한 가족사업체가 아닌 경우에는 보통 원활한 개업 준비를 위해 개업 이전에 함께 일을 시작하고 함께 개업 준비를 도와 줄 직원을 채용하는 것이 일반적이다. 오늘날 소규모 창업자들에게 가장 힘든 일은 자질 있는 직원을 채용하는 것이다. 소규모 업체에서 경영자와 직원들이 고객들과 접촉하는 빈도를 놓고 따져 보면 경영자보다 직원들이 고객과 접촉하는 빈도가 높다고 할 수 있다. 이러한 사실은 직원들의 고객에 대한 대처가 사업체 운영에 상당히 중요함을 시사한다. 따라서 사업체에 도움을 줄 수 있는 직원을 채용할 수 있도록 노력해야 한다.

① 직원 채용 기준

경영자가 직원을 채용할 때 다음과 같은 기준을 두는 것이 바람직하다.

• 관련 업종 근무 경험자를 우대하는 것이 좋다.

관련 업종에서 근무한 경험이 있을 경우에는 새로이 사업을 시작하는 경영자가 미처 생각하지 못한 부분을 보충해 주고 원활한 운영이 될 수 있도록 도와줄 수 있다.

• 오래 근무하고자 하는 직원을 채용해야 한다.

새로 채용한 직원이 맡은 일에 대해서 익숙할 만할 때 이직하게 되면 또다시 일에 익숙하지 않은 직원을 채용해야 되고 또다시 직원을 훈련시켜야 하기 때문에 시간적, 업무적 손실을 입게 된다.

• 표정이 밝고 편안한 인상을 주는 사람을 채용하도록 한다.

고객들과 직접 접촉하고 서비스를 제공하는 직원은 고객에 대한 사업장의 인상을 좌우한다. 따라서 고객에게 편안한 인상으로 편안한 사업장 분위기를 제공하면 고객의 마음을 사는 데 도움을 줄 수 있다.

• 성실하고 목적의식이 뚜렷한 사람을 채용하는 것이 좋다.

자기 자신이 왜 일을 하고자 하는가 하는 목적의식이 있는 사람일수록 자기가 맡은 일에 성실히 임하고 사업장의 일을 자기 일처럼 열심히 한다.

과거에 먹고살기 어렵던 시절에는 직업을 가질 수만 있다면 조건을 따지지 않았으나 오늘날의 구직자들은 임금 외에 여러 정황을 고려하는 실정이다. 구직자들이 원하는 조건을 살펴보면 다음과 같다.

② 구직자의 조건

• 출·퇴근에 편리성이 있어야 한다.

편리성은 구직자들이 적은 임금에도 불구하고 일하고자 하는 첫 번째 이유이다. 출·퇴근하기 불편한 곳이나 교통이 너무 막히는 지역에 있는 직장은 기피하는 경향이 있다.

• 급여는 평균 이상이 되기를 원한다.

만일 최저임금 수준으로 급여를 제시하면 구직자는 경영자가 자신의 가치를 너무 낮게 본다고 생각하여 일을 하고자 하는 마음이 없을 것이나 평균 이상의 급여를 제시하면 구직자는 자신의 가치를 높게 사 준다는 의식을 갖게 된다.

• 작업 환경이 좋아야 한다.

구직자들은 깨끗하고 좋은 환경의 일자리를 원한다. 이는 구직자뿐만 아니라 어느 누구의 입장이라도 같을 것이다. 즉, 직원이 자신이 일하는 작업 환경이 좋은 것을 바라는 것은 당연하다고 할 수 있다.

• 자신의 의사를 존중해 주길 바란다.

경영자가 직원들의 의견을 존중해 주면 그들은 스스로 자신이 경영자와 한 팀이라는 인식을 갖게 되어 힘겨운 일이라도 일을 즐겁게 받아들인다.

• 자신의 성과에 대하여 경영자의 공감을 원한다.

직원은 자신이 하는 일에 대해서 경영자가 인지하고 표현해 주기를 원한다. 또한 비록 일이란 성과를 올려야 하는 것이지만 경영자가 모든 일에 있어서 너무 성과만을 강조하는 것은 싫어한다.

• 일을 즐기고 재미를 갖는 기회가 있기를 원한다.

재미는 작업장에서 통합적 환경을 마련해 준다. 또한 자신의 일을 좋아하는 사람들은 그 직업에 오래 남아 있고 싶어 한다. 따라서 직원들은 경영자가 이러한 업무 분위기를 만들어 주길 원한다.

위와 같은 직원 채용 기준과 구직자의 조건에 따라 만족할 만한 직원을 구하는 일은 상당히 어려운 작업일 수 있다. 그러나 직원을 잘못 채용하였을 때 그에 따르는 심적 고통과 사업상 손실은 상당히 클 수 있다는 점을 간과해서는 안 된다. 이에 반해 상당히 성실하고 능력 있는 직원을 채용했을 때는 사업체에 활기가 생기고 일의 능률도 올라가기 때문에 채용 과정에 들인 시간과 노력이 충분히 보상받을 수 있다.

(2) 인력 관리

직원의 채용 과정에 많은 공을 들여 상당히 유능한 직원들을 채용하였다면 다음으로 신경 써야 하는 것은 이 직원들이 다른 직장으로 이직하지 않고 오래도록 창업자의 사업장에서 함께 일을 하게끔 관리하는 것이다. 이를 위한 경영자의 업무는 첫째, 좋은 사업장 환경을 만드는 것과 둘째, 직원과의 좋은 관계를 형성하는 것이다.

① 좋은 사업장 환경 생성

앞에서 구직자들이 원하는 조건에서 보았듯이 좋은 사업장 환경은 일하는 사람들을 즐겁게 한다. 좋은 사업장 환경이란 물질적인 환경이 아니라, 직원들이 일하면서 느낄 수 있는 직원 개인에 대한 인간적인 대접을 말하는 것이다. 좋은 사업장 환경을 생성하기 위해 경영자가 해야 할 일들을 열거해 보면 다음과 같다.

• 직원들의 개성에 맞추어 직원들을 다루도록 노력하라.

좋은 경영자가 되기 위해서 경영자는 직원들을 각기 개성에 맞추어 달리 다루어야 한다. 비록 우리가 하는 대부분의 일에서 표준화가 요구되지만 각 개인은 서로 다르다. 이것이 의미하는 바는 각기 다른 사람은 각기 다른 동기에 의해서 움직인다는 것이다. 어떤 사람들은 그들이 받는 급여에 의해서 움직이지만 어떤 사람들은 자신들이 취급하는 상품이 좋아서 움직인다. 성공적인 경영자는 각각의 직원을 어떻게 다루어야 하는지 알아야 한다. 사업체의 정책은 표준화 될 수 있더라도 직원을 움직이는 동기는 표준화될 수 없음을 알아야 한다. 각각의 직원을 각각의 개성에 따라 다루어야 한다. 경영자가 각 직원의 개성을 알고 이에 맞추어 직원들을 다루면 그들도 경영자의 뜻에 호응할 것이다.

• 문제 해결에 직원들의 의견을 구하라.

사업체 운영에서 문제가 발생하거나 새로운 시도를 하고자 할 때는 직원들의 의견을 구하여 일을 진행하는 것이 좋다. 직원들과 사업장 문제를 같이 의논하게 되면 그들은 스스로 사업장에서의 자신의 가치를 인정하게 되고 사업장 운영에 대해 애착을 갖게 된다. 이에 따라 직원들은 사업 운영에 대해 좀 더 나은 아이디어를 제공하고자 노력하게 된다.

• 직원들을 훈련시켜라.

직무에 대한 훈련을 통해 직원들은 능숙하고, 효과적이며, 믿을 만하게 바뀌게 된다. 그러나 너무 지나친 훈련은 직원들의 반감을 살 수도 있다. 따라서 직원 각자의 개성에 맞추어 적당한 양의 훈련을 시행하는 것이 필요하고 이는 사업체 운영에 큰 도움이 된다.

• 업무 리스트를 만들어라.

일별, 주별, 월별 업무 리스트는 소규모 사업장에서 사용할 수 있는 가장 좋은 도구들 중의 하나이다. 이 리스트에는 고객들이 없을 경우에 직원들이 해야 할 일들을 포함해야 한다. 또한 일의 중요도에 따라 우선순위를 주어 만들어져야 하고, 직원들이 모두 잘 볼 수 있는 장소에 게시되어야 한다. 업무 리스트의 이점은 다음과 같다. 직원이 자신의 일을 끝냈을 때 성취감을 느끼게 해 주고 직원들이 그들 스스로 어떤 일을 해 내야 하는지 인지하게 도와준다. 그러나 업무 리스트를 만들 때 주의해야 할 점은 직원들의 윤리를 해치거나 직원들을 너무 규칙에만 묶는 것이 아닌가를 살펴야 한다는 것이다. 이를 위해서는 업무 리스트를 게시하기에 앞서 직원들과 미리 상의하여 문제점이 없는지를 살펴보고 동의를 구하는 것이 좋다.

② 직원과의 좋은 관계 형성

오늘날 경영자의 역할은 직원의 정신적 지주이자 코치이며 조언자가 되는 것이다. 독재적 경영 형태는 사라졌다. 강압적으로 일을 시키는 시대는 지나갔다. 오늘 강압적으로 직원을 부렸을 경우, 내일 그 직원을 다시 보기 어렵게 된다. 특히, 소규모 사업체를 운영하는 경우에 경영자와 직원 간의 관계 형성은 상당히 중요하다. 직원과 경영자가 좋은 관계를 형성하기 위하여 필요한 내용을 살펴보면 다음과 같다.

• 직원과의 상호 신뢰 형성에 노력하라.

경영자는 직원을 단지 급여를 받고 임시로 일하는 사람이 아닌 사업체의 운영 목적을 달성하기 위하여 함께 노력하는 협력자로 받아들여야 한다. 즉, 경영자와 직원은 사업체의 흥망과 같이하는 한 팀으로 여겨야 한다는 것이다. 이러한 관계를 만들기 위해서는 경영자와 직원 간의 상호 신뢰 형성이 필요하다. 경영자가 직원을 신뢰하지 않으면 이에 따라 직원도 경영자를 위해 자신의 최선을 다하지 않기 때문이다. 그러나 여기서 한 가지 짚고 넘어가야 할 일은 신뢰를 바탕으로 이루어진 관계라 하더라도 업무에 관한 사항은 서로 엄격히 지켜주어야 한다는 것이다. 이를 위해서는 비록 간단한 형태라도 명시적인 근무 수칙이 만들어져야 한다. 예를 들면 출·퇴근 시간의 엄수, 용모와 복장 단정 등과 같은 수칙이 있다.

• 직원의 마음을 사도록 노력해야 한다.

신뢰와 더불어 가장 중요한 것은 직원의 자발적인 노력을 기대할 수 있도록 직원의 마음을 살 수 있어야 한다. 직원의 마음을 샀을 경우에는 그 직원이 마치 자신이 경영자인 듯 모든 일을 내 일 같이 솔선수범하여 처리해 주게 된다. 이는 곧 경영 수익으로 연결된다. 예를 들어, 식사를 하려고 음식점에 들어갔을 때 미소로 접대하는 종업원을 대했을 때와 마지못해 일하는 듯이 퉁명하게 대하는 종업원을 대했을 때 고객들의 그 음식점에 대한 감정은 음식에 대한 좋고 나쁨을 떠나 종업원의 태도에 따라 달라진다. 즉, 종업원의 태도 여하에 따라 고객들의 재방문 여부가 상당히 달라질 수 있다는 것이다.

• 직원이 잘한 일에 대해 칭찬을 아끼지 마라.

누구든지 칭찬받고, 인정받는 것을 좋아한다. 이러한 칭찬을 하는데도 몇 가지 방법을 생각할 수 있다. 즉, 면전에 대고 하는 칭찬, 짤막한 메시지를 통한 칭찬, 회의시간에 공식적인 칭찬, 게시판에 게시하는 방법으로 하는 칭찬 등의 방법을 들 수 있다. 어떠한 방법을 쓰든 간에 직원이 칭찬을 받을 일을 했다면 그 즉시 하는 것이 좋다. 제때를 놓치면 칭찬의 효과는 감소하게 되기 때문이다.

• 좋은 성과를 올리는 직원에 대해 포상하라.

예외적인 성과를 올린 직원에 대해서 작은 성의를 보이는 것은 직원의 기분을 상하게 하지 않는다. 정기적인 보너스를 주는 대신에 잘한 일에 대해 때때로 포상을 하는 것이 좋다. 큰 물건이나 큰 금액이 아니어도 단지 정성어린 선물이면 충분하다. 이는 직원들의 사기 진작에 도움을 주어 직원들의 능력을 제고할 수 있게 한다. 사업을 하는 많은 사람들이 직원들이 원하는 것이 보너스일 것으로 생각하고 정규적인 보너스 지불 시스템을 만들어 놓고 있다. 처음에는 모르나 세월이 지남에 따라 직원들은 이것을 보너스 자체가 아닌 자신들의 권리로 받아들이게 된다. 이것은 사업체의 운영이 나빠졌을 때 경영자와 직원들 간의 관계를 악화시키는 단초가 된다. 경기가 나빠 보너스를 못 주게 될 경우에 직원들은 자신들이 일을 열심히 했는데도 보상을 못 받는다는 상황으로 받아들여 경영자에 대한 저항감을 표출하기도 한다. 그러나 부정기적인 보너스를 받아 오던 직원들은 기대하지 않았던 보너스 지급이 있을 경우에 그 기쁨이 두 배 이상이 된다.

12-4 마케팅 및 홍보 관리

경영자가 창업을 하고 사업체를 운영하는 데 있어서 가장 먼저 부딪치는 일이 자신의 사업체 또는 상품이나 서비스를 어떻게 미지의 고객들에게 알리는가 하는 것이다. 독립사업체 창업에 비하여 프랜차이즈 창업의 경우에는 프랜차이즈 본부에서 전반적인 광고를 해 주기 때문에 프랜차이즈 브랜드 인지도에 묻어서 가면 된다고 단순히 생각할 수도 있지만 현실은 그리 녹녹하지 않다. 일단 창업을 하면 사업체의 존재감과 함께 이 사업체에서 취급하는 상품이나 서비스를 알리고자 하는 노력이 필요하고 이 노력의 주체는 창업자가 되어야 한다. 이러한 노력 자체를 우리는 좁은 의미의 마케팅이라 말할 수 있다.

마케팅은 이윤 추구라는 사업체의 목적을 만족시키는 교환을 생성시키기 위해서 상품이나 서비스의 개념, 가격, 촉진, 분배 등을 계획하고 실현하는 과정이다. 마케팅을 정의하는 데 있어서 주요한 단어는 '교환' 라는 단어이다. 교환이란 사람들이 자신이 원하는 것을 갖기 위해 '어떤 것'을 포기하는 것을 말한다. '어떤 것'은 보통 돈으로 대체된다. 이는 우리가 상품이나 서비스를 얻기 위해 돈을 지불하는 행위를 의미한다. 그러나 마케팅은 금전에 의한 교환만을 의미하는 것이 아니다.

예를 들어 중고 전자제품을 취급하는 사업체가 중고 TV를 팔기 위해 아파트 단지 내에 광고를 내었을 경우를 생각해 보자. TV에 대해 문의하는 전화가 오기도 하고 어떤 사람은 직접 와서 TV를 만져 보고 틀어 보았으나 가격을 흥정하다 돌아갔다고 하자. 이 경우에 TV가 팔리지 않았기 때문에 교환은 일어나지 않았다. 그러나 교환이 일어나지 않았더라도 이 사업체는 마케팅을 수행한 것이다. 즉, 사람들이 이 사업체의 존재를 알게 되고 이 사업체가 취급하는 상품에 대해 알게 되었기 때문이다.

모든 사업의 기본적인 목적은 생존하고, 이윤을 남기고, 나아가서는 성장하는 것이다. 마케팅은 직접적으로 이 목적을 달성할 수 있도록 도와준다. 사업체를 운영하는 데 있어서 꼭 필요한 사항으로는 고객의 만족이나 필요가 무엇인지 알아내고, 가격이나 가격정책을 결정하고, 유통 전략을 개발하고, 고객과의 소통 등을 들 수 있는데 이를 가능하도록 도와주는 것이 마케팅이다.

현대인은 매일 광고의 홍수 속에서 살아간다. TV, 라디오, 신문, 잡지는 물론 거리를 지나가는 버스에 부착된 광고판을 포함하여 컴퓨터를 틀면 느닷없이 튀어나오는 팝업 광고까지 수많은 광고가 우리 주변에 산재한다. 기업들은 상품이나 서비스를 판매하기 위하여 수많은 매체를 이용하여 가능한 모든 노력을 기울이고 있는 것이 현실이다. 그러나 이러한 대량 마케팅 기법은 오늘날 변화를 요구받고 있다. 기업들은 구매자들의 욕구와 구매 패턴이 다양하고 이를 모두 만족시킬 수 없다는 판단으로 적절한 고객과 적절한 관계를 맺는 것이 가장 큰 수익을 낼 수 있다고 생각하게 되었다. 이에 따라 기업들은 고객 지향적 마케팅의 일환으로서 표적시장 마케팅을 시도하게 되었다. 표적시장 마케팅 기법은 특히 소규모 창업 기업에게 가장 적합한 마케팅 방법이라고 할 수 있다. 표적시장 마케팅은 시장세분화를 통해 표적시장들을 정하고 각 표적시장에 맞는 제품 및 마케팅 프로그램을 개발하는 것이다.

(1) 시장세분화와 표적시장 선정

기업은 모든 고객의 요구 사항에 일일이 반응하여 대응하는 것이 어렵기 때문에 기업 나름으로 고객들을 세분하여 기업에 가장 유리한 고객들을 선정하고 이들을 대상으로 마케팅 활동을 하고자 하는데 이를 시장세분화라고 한다.

시장세분화를 하는 이유를 좀 더 구체적으로 살펴보면 다음과 같다.

① 시장세분화는 유사한 필요성을 가진 고객 집단을 알 수 있게 하고, 이 집단의 특성이나 구매 행위 분석을 할 수 있게 한다.

② 시장세분화는 세분화된 집단의 특성이나 집단이 원하는 정보에 맞추어 마케팅 믹스를 설계할 수 있게 한다.

시장세분화의 기준으로는 성별, 나이, 직업 등과 같은 인구통계학적인 특성, 주거 지역이나 인구 밀도와 같은 지리적 특성, 생활 패턴에 따른 심리적 특성, 구매 계기, 사용률 및 충성도에 따른 행위적 특성 등을 들 수 있다. 시장세분화를 마케팅 전략에 유용하게 사용하기 위해서, 세분시장들은 다음과 같은 범주를 만족시켜야 한다.

① 규모의 적정성

세분시장은 특정 마케팅 믹스를 개발하고 유지할 수 있도록 충분히 커야 한다.

② 구분성과 측정성

세분시장은 반드시 구분되어야 하고 그 크기는 측정 가능해야 한다. 지역적 인구 데이터, 나이별 인구수, 직업별 인구수 등은 비교적 얻기 쉽고 측정 가능한 지표이다.

③ 접근 가능성

기업은 목표 세분시장에 접근하여 특정 마케팅 믹스를 적용할 수 있어야 한다. 그러나 기업이 목표 세분시장에 접근할 수 없다면 시장세분화의 효과를 기대할 수 없게 된다.

위와 같은 범주를 만족시키는 시장세분화 과정을 거친 후에는 세분화된 시장에서 표적시장을 결정해야 한다. 표적시장은 세분화된 시장 중에서 기업이 마케팅 활동을 하는 데 가장 매력적인 시장으로서, 기업은 표적시장에 맞는 마케팅 믹스를 개발하여 공략하여야 한다. 마케팅 믹스는 고객이 원하는 바를 충족시키기 위해 기업이 제공하고자 하는 요소들의 조합을 의미한다. 즉, 어떤 제품을 어떤 가격에 어떤 유통경로로 어떻게 촉진할 것인가의 조합을 의미한다. 마케팅 믹스의 개발을 위해서는 고객들의 행동 특성이나 원하는 바를 알아내기 위한 마케팅조사가 선행되어야 한다.

(2) 마케팅 믹스 개발 단계

① 제품 설계

여기서 제품이란 모든 물리적 제품, 서비스 및 아이디어 등 기업이 고객에게 대가를 받고 고객의 욕구 충족을 위해 제공하는 모든 것을 지칭한다. 고객들이 제품의 가치를 평가하는 기준은 고객들이 생각하는 편리함 또는 이익이나 서비스를 포함한 여러 요인에 따라 달라진다. 이러한 점을 고려하여 기업은 제품 생산에 접근하게 된다. 고객에게 제안된 제품이 고객의 기대를 충족시킬 수 있다면 이 제품에 대한 생산이 시작되고, 이어 포장 설계와 상품명을 고안하게 된다.

② 가격 결정

제품 설계가 끝나면 이에 대한 적절한 가격을 설정해야 한다. 대부분의 고객들은 가격을 그 제품의 가장 중요한 요소로 간주한다.

제품의 가격을 결정하는 방법은 다음과 같이 세 가지가 있다.

- 제품에 들어가는 비용에 근거한 가격 결정
- 수요를 고려한 가격 결정
- 경쟁을 고려한 가격 결정

제품에 들어가는 비용에 근거한 가격 결정은 제품의 생산, 유통, 촉진에 투입되는 비용 등을 기초로 하여 가격을 결정하는 방법이다. 수요를 고려한 가격 결정은 고객의 준거 가치에 의해 가격을 결정하거나 수요의 강도에 따라 가격을 결정하는 방법이다. 예를 들어 기존의 제품에 비해 특출한 성능을 지닌 새 제품을 개발하였을 경우에 충분한 광고를 통해 수요가 몰릴 것 같으면 고가의 가격 정책을 쓰는 것도 하나의 방법이 될 수 있다.

경쟁을 고려한 가격 결정은 시장에서 경쟁 상태에 있는 타사 제품의 가격을 고려하여 제품의 가격을 결정하는 방법이다. 소비자들 사이에 자사의 제품이 타사의 특정 제품과 유사한 품질이라는 인식이 주어진 경우에는 경쟁 제품의 가격이 준거 가격이 되어 제품의 원가나 수요의 강도는 상대적으로 덜 고려될 수밖에 없다.

③ 유통경로 선택

제품이 생산된 후에는 이 제품을 소비자들에게 전달하는 경로를 선택해야 한다. 즉, 적합한 유통경로를 선택하여 소비자들이 원하는 장소와 시간에 맞추어 제품을 제공할 수 있어야 한다는 것이다.

④ 촉진 전략 개발

촉진은 기업이 제품이나 기업에 대한 정보를 소비자에게 의도적으로 전달하여 제품이나 기업의 이미지를 쇄신하고자 하는 노력을 말한다. 촉진의 궁극적인 목적은 판매이기 때문에 촉진을 통해 기업은 제품이나 서비스를 소비자가 구매하도록 동기를 부여하고자 한다. 촉진 전략에는 광고, 홍보, 할인 및 구전활동 등 모든 판매 노력이 동원된다. 판매 촉진 수단으로는 상품 샘플, 쿠폰, 경품, 가격 인하 및 마일리지 포인트 등이 있다.

(3) 포지셔닝

포지셔닝은 기업의 브랜드, 제품, 또는 기업 자체에 대한 잠재고객들의 전반적인 인식에 영향을 미칠 수 있는 마케팅 믹스를 개발하는 것을 말한다. 또한, 포지셔닝은 브랜드나 제품에 대해 소비자가 인식하는 경쟁 기업과의 상대적인 위치를 나타낸다.

효과적인 포지셔닝은 경쟁 제품이 차지하고 있는 위치에 접근하고, 마켓에서 기업의 마케팅 노력이 커다란 영향을 미칠 수 있는 위치를 선택하도록 요구한다. 즉, 시장 내의 경쟁 구조를 확인하고 난 후 경쟁 기업들에 대비하여 어떤 포지션을 구축하여 자신만의 포지션을 만들 것인가를 결정해야 한다. 이는 마켓에서 경쟁을 하는 데 있어서 다른 경쟁 사업체가 하는 방식을 참고하는 것은 좋으나 굳이 따라 할 필요가 없다는 것을 의미한다. 예를 들어 경쟁 커피숍에서 싼 가격의 무한 리필 정책을 내세우면 이에 반해 고급화로 고가의 커피숍 정책을 사용하는 것도 자신만의 포지셔닝을 위한 하나의 방법이 된다.

그러나 시장세분화를 통한 표적시장의 선정에 이은 포지셔닝은 그리 간단한 문제가 아니다. 고객의 행동은 관련된 여러 변수에 의해서 영향을 받기 때문에 포지셔닝은 마케팅 방법이나 필요에 따라 그 적용 범위가 달라질 수 있다. 또한, 표적시장 선정과 포지셔닝을 위해서는 사업의 목표가 명확히 설정되어야 한다. 이 목표는 경영자가 원하는 사업 방향에 따라 정해져야 한다. 요식업을 예로 들어 생각해 보자. 만일 경영자가 직장인을 대상으로 하는 사업을 구상하였다면 이 사업체는 시내의 빌딩가에 자리를 잡고 바쁜 직장인들을 대상으로 빠르고 간편한 식사를 제공하도록 노력하게 된다. 그러나 만일 경영자가 한가한 주부들의 점심시간을 공략할 것을 목표로 하였다면 조금 한가한 외각 지역에 자리를 잡고 주부들이 편히 대화하며 긴 시간을 즐길 수 있도록 노력하게 된다. 이 두 가지 경우에 표적시장과 포지셔닝은 각기 달라질 수 있다.

(4) 홍보 관리

오늘날의 소비자들은 예전에 비해 더 많은 요구 사항을 갖고 있다. 또한 이들은 예전에 비해 더 많은 정보를 갖고 있기 때문에 더 도전적이다. 대부분의 소비자들은 특정 사업체에서 취급하는 제품에 대해 그 사업체의 경영자보다 더 많이 알고 있을 수도 있다. 그 이유는 간단하다. 소비자들은 많은 지식을 책이나 인터넷을 통해 이미 숙지하고 있기 때문이다. 소비자들은 무엇을 사기 전에 그것에 대해 미리 조사를 한 후에 구매를 결정하는데, 이러한 과정은 오늘날 어렵지 않게 이루어진다. 따라서 경영자들은 소비자들의 행보에 보조를 맞출 수 있도록 노력해야 한다. 또한 시장에는 이 시장에 발판을 마련하기 위하여 물건을 싼값에 넘기는 사업가도 있을 수도 있으며 새로운 제품이나 서비스로 무장한 경쟁자가 이 순간에도 새로이 사업을 시작할 수도 있다. 사업은 경쟁 속에 진행되고 있는 것이다.

사업을 시작하였으면 사업하는 아이템이나 사업체 자체에 대한 광고나 홍보를 하는 것이 필요하다. 창업 후 사업체나 상품에 대해서 알려야 하는 필요성에 따라 행하는 광고의 종류로는 사업체의 개점 초기에 사업체의 위치와 취급하는 제품 등을 알리기 위한 알림 광고가 있으며, 사업체의 이미지를 소개하여 고객들이 점포로 찾아오게 하는 이미지 광고와, 상품의 판매 촉진을 위한 상품광고가 있다. 창업 초기에는 이러한 광고 방법들을 이용하여 광고함은 물론 신규 고객 창출을 위해서 가격 할인 행사와 더불어 경품 제공 등의 방법을 활용하는 것이 바람직하다.

그러나 소규모 사업체에 대한 광고에는 입소문 광고만큼 좋은 효과를 내는 것이 없다. 입소문 광고는 사업을 성장하고 번창하게 만들어 준다. 개개인의 추천에 의해 사업은 굳건한 토대를 만들 수 있다. 입소문 광고는 전통적인 광고 기법에 비해 비용이 적게 들고, 쉽고, 재미가 있다. 한 사람이 다른 사람에게 소개하고 이 사람이 또 다른 사람에게 소개하는 식으로 계속해서 소개가 이어지다 보면 이 사업체는 모든 사람들이 찾는 사업체인 것처럼 되어 버린다. 입소문 광고를 제대로 활용하려면 경영자는 제품 자체만을 팔고자 하는 생각을 버려야 한다. 즉, 제품 판매에 더하여 소비자들이 창업자의 사업장에서 좋은 경험을 갖도록 해야 한다. 이 경험은 구매 경험을 포함하여 사업장에 들어선 소비자들이 사업장 전반에 걸친 분위기에 대하여 인식한 모든 것이 될 수 있다. 이것이 소비자들로 하여금 창업자의 사업장과 타 경쟁자들의 사업장을 구분시키는 방법이고, 이러한 노력 속에 소비자들의 입소문 광고 효과가 발생하게 된다. 이를 위해서 경영자는 소비자들이 다시 자신의 사업장을 방문하도록 강렬하고 기억할 만한 경험을 만들 수 있는 방법을 찾아야 한다.

좋은 서비스나 비교적 괜찮은 가격만으로는 더 이상 소비자들을 사로잡을 수 없게 되었다. 왜냐하면 오늘날의 소비자들은 멋있고 편리한 매장, 매우 잘된 제품의 분류, 제품에 대해 충분히 납득할 만큼의 설명을 해 줄 수 있는 지식 있는 판매원 등 전반적인 것을 보고 그 사업체에 대하여 판단하기 때문이다.

12-5 고객관계 관리[1]

사람들 사이의 상거래가 있는 한 고객관계 관리는 필요하고 또한 존재한다. 고객들은 그들이 잘 아는 상인들이나 이전에 물건을 사 본 적이 있는 상인들에게서 물건을 구입하는 경향이 있으며, 이에 따라 상인들은 항상 자신을 찾는 고객들이 무엇을 좋아하고 왜 좋아하는지 또는 어떤 것을 싫어하는지를 알기 때문에 고객

1 졸저, 『인터넷시대의 디지털 경영』, 비앤엠북스, 2009 발췌·수정

들의 필요나 요구에 맞추어 상품을 구비할 수 있다. 이러한 과정 속에서 고객들에 대한 서비스가 좋아지고 새로운 상품들을 소개하게 되면서 고객과의 관계가 더욱 호전되고 소위 단골 고객들이 생겨나게 된다. 단골 고객들은 새로운 고객을 유인하기도 하는데, 자신이 거래하는 상인들과 그들의 상점들을 점차 고객들에게 알려지게 하는 밑거름이 된다.

기업은 수입의 원천인 고객 없이 운영될 수 없기 때문에 고객들과의 적절한 교류를 하지 않고 사업을 수행한다는 것은 기업 운영에 큰 위협이 될 수 있다. 또한 기업이 고객들과 교류하는 방법에 따라 고객들의 충성도와 유지가 큰 영향을 받기 때문에 고객에 대한 서비스가 중요하다. 이러한 문제들을 인식한 기업에서는 고객관계 관리의 개념을 기업 운영에 도입하게 되었다.

고객관계 관리는 고객에 대한 정보를 활용하여 고객과의 강한 관계를 유지하고 고객의 요구와 행위에 관한 학습을 통해 고객의 평생가치를 극대화하고자 하는 경영 전략이다. 기업들 간의 고객 유치를 위한 치열한 경쟁 결과 특정 기업에 대한 고객들의 충성도는 점차 낮아지고 있고 또한 고객이 없는 기업 운영은 생각조차 할 수 없기 때문에 고객의 가치를 인정하고 고객과의 좋은 관계를 유지하는 것은 기업 성공의 핵심 요소로 떠오르고 있다.

고객관계 관리 전략의 목적은 수많은 고객들의 정보를 바탕으로 세분화된 고객들에게 차별화된 서비스를 제공하여 고객의 이탈을 방지하고, 충성도 높은 고객의 유지 비율 향상시키며, 잠재고객의 활성화를 통해 기업의 제품과 서비스를 좀 더 효과적으로 판매하기 위한 마케팅 비용을 감소시킴은 물론 궁극적으로는 기업의 수익성을 극대화시키는 데 있다.

(1) 고객관계 관리 과정

효과적인 고객관계 관리는 다음과 같은 내용을 바탕으로 이루어질 수 있다.

- 고객들의 구매습관, 의견, 기호 확인
- 판매 효과와 증진을 위한 개인들이나 그룹에 대한 특성 발견
- 고객 서비스와 마케팅을 발전시키기 위한 방안의 변경

위와 같은 내용의 확인으로 시작되는 고객관계 관리 과정은 고객에 대한 정보의 수집으로 시작해서 이 정보를 이용하여 마케팅과 고객과의 관계 형성을 위한 처리 과정을 포함한 네 단계를 거친다.

① 1단계: 고객정보 수집과 저장

고객관계 관리에서 가장 먼저 필요한 정보는 고객 식별을 위한 정보와 고객들의 행위에 관한 정보이다.

② 2단계: 정보의 가공

수집되고 저장된 정보는 모든 직원에게 유용하도록 가장 적절한 형태로 가공되어야 한다.

③ 3단계: 고객 행위 분석

고객들의 행동 패턴이나 활동 추이를 알아내어 이에 따른 판매 전략을 마련한다.

④ 4단계: 효과적인 마케팅 방안 모색

많은 사업 분야에서 20/80 법칙이 적용되어 소규모 고객 집단이 높은 수익률을 만들고 있는 것으로 알려져 있다. 따라서 고객의 수요나 요구사항 등을 분석하여 가장 가치 있는 고객군을 알아내고 이들을 유치할 수 있는 마케팅 방안을 마련해야 한다. 단, 소규모 고객 집단이 높은 수익률을 만들어 주는 것과 마찬가지로 소규모 불평 고객들을 이해시키기 위해서는 상당히 많은 시간을 직원들이 할애해야 한다는 것도 고려해야 한다. 따라서 고객들의 불평사항을 빨리 알아내

고 빨리 해결해 줄 수 있는 방안도 함께 고려해야지만 전반적으로 고객과의 원만한 관계를 유지하고 업무 효율성을 높일 수 있다.

(2) 고객관계 관리 효과

고객관계 관리에 의해 고객들과 좀 더 나은 관계를 유지함으로써 얻을 수 있는 잠재적 이익으로는 다음을 들 수 있다.

- 기존 고객 이탈 방지
- 우수고객 유지와 잠재고객 활성화를 통한 판매 증대
- 고객들의 구매 기록을 통한 수요 예측에 의한 판매 증가
- 특정고객의 요구를 통한 효과적인 수요 발견
- 미래의 사업 경쟁을 위한 좀 더 새롭고 발전된 제품과 서비스의 개발

궁극적으로 고객관계 관리는 고객 만족과 유지를 증진시키고, 시장에서 기업의 평판을 높여 지속적인 성장을 보증해 준다. 이와 더불어 고객관계 관리는 기존 고객이 느끼는 기업의 가치를 증가시키고, 이들을 지원하고 서비스하는 데 드는 비용을 줄여 주며, 기업의 전반적인 효율성을 증가시켜 전체 판매비용을 감소시킨다.

익힘문제

1. 경영자의 역할은 무엇인가?
2. 경영자에게 필요한 노력은 무엇인가?
3. 직원을 채용할 때 필요한 기준은 무엇인가?
4. 구직자들이 원하는 조건은 무엇인가?
5. 인력관리를 잘하기 위하여 필요한 사항은 무엇인가?
6. 좋은 사업 환경을 위하여 경영자가 해야 할 일은 무엇인가?
7. 경영자가 직원과 좋은 관계 형성을 위하여 필요한 것은 무엇인가?
8. 시장세분화를 하는 이유는 무엇인가?
9. 세분시장들이 만족시켜야 하는 범주는 무엇인가?
10. 마케팅 믹스 개발 4단계는 무엇인가?
11. 포지셔닝이란 무엇인가?
12. 입소문 광고란 무엇인가?
13. 고객관계 관리란 무엇인가?
14. 고객관계 관리 과정은 어떻게 되는가?
15. 고객관계 관리 효과는 무엇인가?

창업 Topic

동네 빵집 살리기

서울 홍은동에서 20년 넘게 빵집을 운영하고 있는 김OO(54)씨는 40년 경력의 제빵 장인(匠人)이다. 빵 맛 하나만은 자부하지만 언제까지 빵집을 운영할 수 있을지 걱정이 태산이었다. 10년 전만 해도 7곳이나 있던 주변의 동네 빵집들이 대기업 프랜차이즈 빵집과의 싸움을 견디지 못하고 모두 문을 닫았기 때문이다. 김씨는 "빵이야 자신 있지만 대규모 체인 빵집들이 연예인을 내세워 광고하고 제휴 카드로 가격할인 마케팅을 하니 당해 낼 수가 없었다"며 "나라도 무릎 꿇어서는 안 된다는 오기로 버텼다"고 말했다.

이런 김씨에게 원군(援軍)이 생겼다. 빵집에서 멀지 않은 연세대학교 학생들이 '동네 빵집 부활 프로젝트'를 시작했기 때문이다. 문OO(23, 경제학과 4년)씨 등 7명의 학생들은 "동네 빵집의 경쟁력을 키워 지역경제에 활력을 불어넣자"는 목표로 작년 8월부터 활동을 시작했다. 이들은 서대문구·은평구 일대의 동네 빵집 20여 곳을 찾아다니며 "영세한 규모와 미약한 브랜드파워로 고전하는 동네 빵집을 위한 경영 마케팅 조언을 하겠다"고 제안했다.

장사로 잔뼈가 굵은 빵집 주인들에게 어린 대학생들의 제안이 미더울 리 없었다. 그러던 와중 '노블베이커리'의 배OO(50) 사장이 "학생들의 힘을 한번 믿어 보겠다"며 처음으로 제의를 수락했다. 학생들은 동네 빵집의 생존 필살기를 찾아내기 위해 매일 매장에 상주하며 고객의 구매 패턴과 주변 상권을 조사했다. 대전 '성심당', 전북 군산 '이성당' 등 '동네 빵집'의 상징처럼 된 전국 각지의 유명 빵집을 찾아다니며 비결을 연구하기도 했다.

이들은 동네 빵집이 소셜 네트워킹 서비스(SNS) 등 인터넷 커뮤니케이션을 통한 홍보가 약하고, 매장의 특색을 드러내는 '마스코트 빵'이 없다는 것이 큰 약점이라는 진단을 했다. 학생들은 블로그를 개설하고 트위터·페이스북 등 SNS를 통해 '노블베이커리'를 대대적으로 소개했다. 배 사장의 고향인 전남 영광의 특산물 모시잎을 활용해 '모시잎 쌀 식빵'을 매장의 마스코트 빵으로 홍보했다. 이 같은 전략은 제대로 맞아떨어져 두 달 만에 매출이 20% 늘어났고, "모시잎 쌀 식빵을 살 수 있느냐"는 문의전화가 빗발치기 시작했다.

학생들이 베이커리 매장에서 실제로 실적을 올렸다는 소문이 나자 지난 1월 김씨를 비롯한 서대문·은평 지역 동네 빵집 사장 11명이 모여 '동네빵네'란 이름으로 의기투합했다. 경력 30~50년을 자랑하는 제빵 장인인 이들은 각자 1,000만원씩 출자금을 내 '동네빵네'를 서울시 정식 협동조합으로 등록했다. 그리고 제빵과정에서 방부제와 화학조미료를 전혀 사용하지 않고, 생산된 당일에 팔리지 않은 빵은 인근 복지관에 전부 기부하는 '양심 빵가게'임을 강조하는 홍보전에 뛰어들었다. 마일리지 제도나 음료와 빵을 혼합한 세트 메뉴 판매 등 프랜차이즈 매장의 영업기법도 적용했다. 회원들끼리 빵 맛을 서로 비교하며 '동네빵네' 빵 맛의 상향 평준화를 위해 제빵 기밀도 공유했다.

김씨는 "가게 주변 원룸에 많이 사는 20~30대 젊은층들이 식빵을 선호한다는 분석에 착안해 '천연발효 홍국쌀 식빵'을 마스코트 빵으로 개발했더니 반응이 좋다"며 "매일 SNS와 블로그를 업데이트하며 온라인 홍보에 신경 썼더니 실적이 눈에 띄게 좋아졌다"고 말했다. 김씨는 "동네빵네 회원들의 매출이 대부분 30%가량 늘었다"며 "전국의 동네빵집 사장님들에게 희망을 드리도록 열심히 노력하겠다"고 말했다.(DB 조선, 2013.10.05)

제 13 장

온라인 창업

온라인 창업[1]은 기본적으로 온라인 쇼핑몰을 구축하여 시작한다. 인터넷의 발달로 소자본을 갖고도 아이디어와 실천력만 있으면 누구나 쇼핑몰을 차려 창업을 할 수 있다. 온라인 쇼핑몰은 자금이 부족한 상태에서 창업을 하고자 하는 창업자의 입장에서 볼 때 실제 매장을 임대하고 내부 장식을 하는 데 드는 많은 자금 지출을 피할 수 있기 때문에 매력적이다.

온라인 창업은 온라인 쇼핑몰을 구축하고 이를 유지, 보수하는 데 필요한 소규모 자금만 있으면 창업이 가능하다. 그러나 온라인 창업의 가장 큰 어려움은 온라인 쇼핑몰의 존재를 소비자들에게 어떻게 알리느냐 하는 데 있다. 쇼핑몰을 종합쇼핑몰이나 포털사이트에 입점하여 운영한다면 이 문제가 어느 정도 해결될 수 있으나 종합쇼핑몰은 입점 절차가 까다롭고 포털사이트는 판매 아이템에 제한이 있고 또한 상권 보장이 어렵다. 이러한 문제로 인해 많은 초보 창업자들은 옥션과 같은 경매사이트에 입점하여 소규모 상품으로 판매 경험을 쌓은 후에 자

그림 13-1 온라인 창업 및 운영 절차

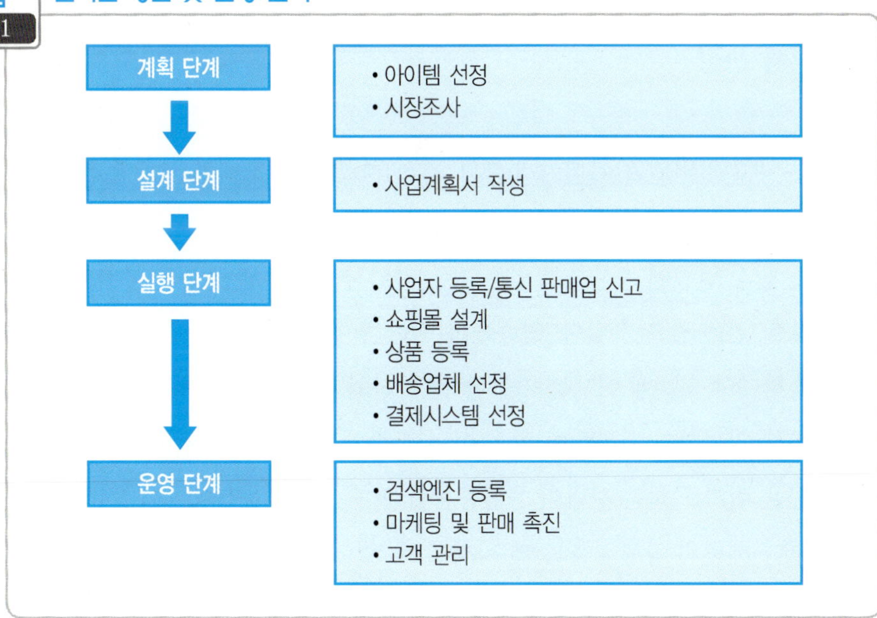

1 졸저, 『인터넷시대의 디지털 경영』, 비앤엠북스, 2009 발췌·수정

신만의 독립 쇼핑몰을 차려 사업을 하는 형편이다.

온라인 창업 과정 역시 3장에서부터 설명해 온 창업 기본 절차에서 벗어나지 않는다. 온라인 창업 절차와 운영 절차를 도식화하면 그림 13-1과 같다.

무슨 일이든 미리 준비를 철저히 해야 하는 것과 마찬가지로 쇼핑몰 창업을 하기 위해서는 아이템 선정을 시작으로 시장조사 등과 같은 절차를 밟아 창업을 준비해야만 성공 가능성을 높일 수 있다.

13-1 계획 단계

이 단계에서는 쇼핑몰에서 판매할 아이템을 선정하고, 아이템 판매를 위한 시장조사를 하며, 쇼핑몰 운영을 위한 사업계획서를 작성한다.

(1) 아이템 선정

사업 아이템을 선정하기 전에 먼저 어떤 업종에 대한 사업을 할 것인가를 정하기 위하여 업종에 대한 정보 수집을 하는 것이 좋다. 업종을 선택하기 위해서는 관심 업종에 종사하고 있는 기존 사업자들과의 면담 등을 통하여 구체적인 정보를 얻을 필요가 있다. 업종을 선택한 후에는 업종에 관련된 사업 아이템을 선정하여야 되는데 이때는 가능한 한 자신의 적성에 맞고 자신의 경험이나 지식을 통해 익숙하거나 관심이 많은 아이템 중에서 선정하는 것이 좋다. 예를 들면 등산을 취미로 하는 사람이 등산용품을 판매한다면 등산에 대해 전혀 모르는 사람보다 제품의 장단점을 쉽게 파악할 수 있어서 제품 취급에 유연성을 발휘할 수 있다. 이에 더하여 제품의 사용법이나 제조 과정, 유통경로에 대해서 알고 있다면 더욱 좋을 것이다. 즉, 제품을 취급하는 데 있어서 단기간이 아닌 장기간 제품의 공급이 지속적으로 잘될 수 있는지를 확인하여야 하고, 오프라인에서 잘 팔리는 제품이라도 인터넷을 통한 판매가 가능하고 포장이나 배송에는 문제가 없는지를 확인할 필요가 있다.

인터넷 쇼핑몰을 처음 시작하는 경우에는 일반상점이나 종합상점 운영자에 비해 자금, 시간 그리고 인력에 제한이 따르므로 일반상점이나 종합상점에서 쉽게 구할 수 없는 제품이나 서비스에 대하여 자신의 전문 지식을 활용한 틈새시장 아이템을 전문으로 취급하는 것도 좋다.

(2) 시장조사

시장조사는 앞서 선택한 아이템에 대한 판매나 성장 전망을 예측하기 위하여 과거에서 현재까지의 시장의 발전 상황이나 경향을 살펴보아 앞으로의 사업성이 있는지 없는지를 알아보고 또한 앞으로 어떠한 방향으로 사업을 이끌어 갈지 예측해 보기 위한 일련의 과정이다.

시장조사를 하는 근본적인 목적은 일반적으로 시장조사에 근거하여 세분화된 시장을 파악하고 고객을 공략하기 위한 적절한 전략을 수립하는 데 있다. 시장조사에 근거하지 않은 무분별한 전략은 실패할 확률이 높고, 시행착오로 인한 시간적, 금전적인 낭비를 가져올 수 있다. 이러한 목적을 달성하기 위한 시장조사에 포함할 내용은 다음과 같다.

- 목표고객의 연령대는 어떻게 되는가?
- 해당 아이템에 대한 고객의 반응은 어떠한가?
- 해당 아이템에 대한 시장 규모는 어떠한가?
- 해당 아이템 취급 업체들의 성공요인 또는 실패요인은 무엇인가?
- 현재 업계의 동향은 어떠한가?
- 새로운 시장 확장 가능성은 있는가?

위와 같은 일반적인 시장조사에 비해, 인터넷 쇼핑몰을 창업하고자 할 때의 시장조사는 해당 아이템의 현황 및 전망, 사업 모델 등에 대한 총체적인 점검을 하는 온라인 시장조사가 필요하다. 온라인 시장 규모 및 수요 예측을 위한 방법으로는 검색엔진 키워드 조회, 사이트수 측정, 순위 서비스 사이트 이용 등이 있다.

검색엔진의 키워드 조회를 통해서는 인터넷으로 쇼핑을 즐기는 고객들에게 가장 인기 있는 아이템과 유행 아이템 등을 알아볼 수 있고, 키워드 조회수를 통해서는 해당 키워드에 대한 수요의 정도를 파악할 수 있다. 사이트수 측정이란 전체 온라인 시장에서 해당 아이템을 취급하는 사이트수가 몇 개나 되는가를 추정해 보는 것이다. 예를 들면 컴퓨터 판매를 취급하는 온라인 쇼핑몰이 몇 개인지는 정확히 알 수 없으므로 주요 검색엔진에 등록된 컴퓨터 판매 사이트 수를 파악하는 것으로 수치를 예측하는 것이다. 이런 예측이 완벽하지는 않지만 검색엔진에 등록되어 있지 않은 사이트들의 경우에는 소비자에게도 노출되기 어렵기 때문에 고려하지 않아도 큰 문제가 없을 것으로 여겨진다.

미디어채널의 랭키닷컴(www.rankey.com)과 같은 순위 서비스 사이트를 이용하면 트래픽 분석을 통한 분야별 순위 파악이 가능하며 동일 업종에서의 경쟁 사이트에 대한 매출이나 방문자수 예측이 가능하다.

13-2 설계 단계

(1) 사업계획서 작성

새로운 집을 지을 때 집의 구조를 그린 설계도가 필요하듯이 사업을 시작할 때에도 상세한 사업계획서를 작성해야 원하는 방향으로 사업을 이끌어 나갈 수 있다. 사업계획서는 8장에서 이미 자세히 설명하였듯이 사업의 내용, 운영방안,

일정 및 자금 조달 계획과 같은 내적 요소들과 시장조사를 통한 사회적 변화, 소비자 욕구의 변화나 관련 법규 등과 같은 외적 요소들을 문서화한 것이다.

온라인 창업을 위한 간략한 사업계획서의 형식은 다음과 같다.

① 사업 개요

사업 개요에는 사업 아이템, 목표시장, 사업전략 등을 간략하게 기술하여 이해관계자의 관심을 유도하고 사업의 방향을 알 수 있게 하여야 한다. 사업 개요는 사업 분야와 경영목표로 나누어 기술할 수 있다.

② 시장 분석

시장 분석에는 쇼핑몰에서 판매할 상품이나 서비스가 어떤 것인지를 구체적으로 기록한다. 또한 경쟁업체에 대한 분석을 실시하여 고객의 입장이나 사업자의 입장에서 어떻게 가치를 극대화할 것인지를 보여 줄 수 있어야 한다. 이러한 분석을 위해 SWOT 분석을 살펴보자. **그림 13-2**는 온라인 쇼핑몰 사업에 대한 SWOT 분석의 예를 보여 준다.

그림 13-2 SWOT 분석의 예

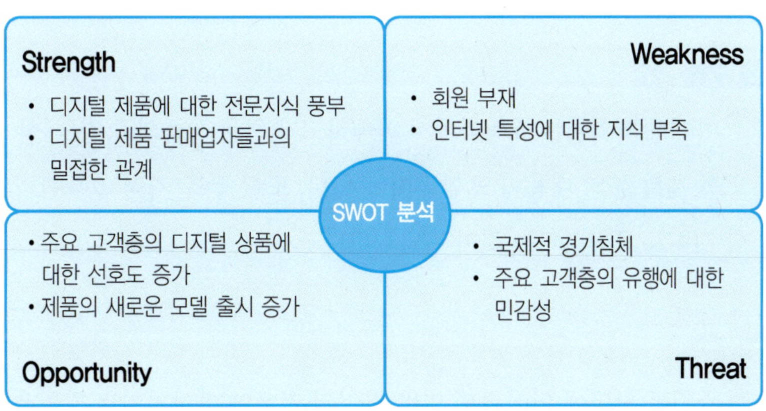

③ 개설계획

쇼핑몰 개설을 위해 필요한 장비나 솔루션 구입과 준비에 대한 계획을 마련한다.

④ 운영계획

쇼핑몰에서 취급할 상품의 조달과 판매에 대한 방법을 구체적으로 나열하고 배송 처리 방법을 강구한다. 상품이나 배송에 관한 비용 조달 방법과 판매 상품 가격 전략을 수립한다.

⑤ 재무계획

재무계획은 창업에 소요되는 자금의 규모를 알아보고 이 규모에 맞는 자금 조달계획을 세우는 작업이다. 소요 예상 자금으로는 첫째, 쇼핑몰 개설에 필요한 컴퓨터와 디지털 카메라와 같은 장비 구입에 들어가는 자금과 둘째, 쇼핑몰 구축을 의뢰했을 때 요구되는 구축비로 나눌 수 있다. 이와 더불어 창업 초기에는 쇼핑몰 운영과 홍보 등에 들어가는 지출이 발생하기 때문에 이러한 지출에 소요되는 자금도 감안하여야 한다. 이러한 총 예상 자금에 대하여 창업자 본인이 충당할 수 있는 자금의 규모를 알아보고 만일 부족하다면 일 충당하기 위한 계획을 세워야 한다.

⑥ 홍보계획

마케팅 계획에는 쇼핑몰에서 판매하고자 하는 상품의 특징, 대상 고객 및 프로모션 계획 등의 내용이 포함되어야 한다. 또한 장·단기적 고객관리와 가격에 대한 전략도 포함시키는 것이 바람직하다.

⑦ 일정계획

쇼핑몰 창업에 있어서도 일반 창업의 경우와 마찬가지로 창업을 위한 효율적인 시간 관리를 위하여 일정 계획을 세울 필요가 있다.

표 13-1 은 디지털 제품을 판매하고자 하는 사업자를 예로 간단히 작성한 사업계획서를 보여 준다.

표 13-1 사업계획서

회사명	다트몰
대표자	OOO
회사정보	OO시 XX구 ㅇㅇ빌딩 / 전화 연락처 / 이메일 연락처
사업분야	10대, 20대들이 선호하는 디지털 카메라, 휴대폰, MP3 플레이어, 게임패키지 등을 판매
경영목표	10대, 20대들이 디지털 제품을 구입할 때 유행과 디자인에 신경을 많이 쓰는 경향이 있으므로 이에 따라 가격경쟁력과 함께 디자인적인 면을 중점적으로 공략한다. 10대, 20대들의 경제력을 생각하여 다양한 디자인과 가격대의 상품을 제공한다.
시장분석	• 오프라인 도매시장에서 다양한 동종 상품이 공급이 되고 있으나, 10,20대들의 인터넷 사용 선호도를 고려하였을 때 온라인을 통한 판매가 효과적임 • 특히 10대, 20대들이 충동적인 구매가 많은 것을 감안하여야 함
목표 시장분석	• 인터넷을 사용하는 10대, 20대 학생들과 20대, 30대 직장인을 주요 고객으로 선정
개설 계획	• 초기에는 거주하는 집의 방 한 칸을 사무실로 변경하여 사용하고 사업 진척에 따라 사무실 임대 • 홈페이지 구축은 비용절감과 원활한 구축을 위해 쇼핑몰 임대 서비스와 프리미엄 서비스 사용 • 쇼핑몰 사이트 쇼핑 코너에 입점함
운영 계획	• 취급하고자 하는 상품들의 기능과 디자인 등이 유행에 민감하므로 상품은 소량으로 도매시장을 통해 구매함 • 이벤트 등을 다양하게 실시하여 저이윤 다매출로 박리다매의 원리를 적용함
재무 계획	• 초기 상품 공급 및 쇼핑몰 구축비용: ㅇㅇㅇ만원 • 손익분기점을 OO개월로 보고 자금조달 계획 수립 • 매출 및 고객확보에 따라 점진적으로 추가 자금 투자
홍보 계획	• 검색엔진 등록, 키워드 광고 및 배너 광고 등을 통한 홍보를 준비하고 고객 성향 분석이 된 후 선택적으로 진행
일정 계획	• 1개월 안에 상품 구입 및 쇼핑몰 개설을 마무리하고 2개월째 쇼핑몰을 오픈함 • 오픈과 함께 다양한 구매 이벤트를 실시하여 고객을 확보하고 고객관리에 만전을 다함

13-3 실행 단계

실행 단계는 쇼핑몰 준비단계와 쇼핑몰 구축 단계로 나눌 수 있다. 쇼핑몰 준비 단계는 쇼핑몰 조사 결과를 토대로 사업을 하기 위한 법적·제도적 절차를 이행하고, 도메인 등록과 상품 구비 등의 준비를 하는 단계이다. 쇼핑몰 구축 단계는 쇼핑몰을 설계하고, 상품을 등록하고, 상품 판매를 위한 결제시스템을 선정하고, 배송업체를 선정하는 단계이다.

(1) 쇼핑몰 준비 단계

① 사업자 등록

인터넷 쇼핑몰을 운영하려면 최소한 사업자 등록, 통신판매업 신고, 부가통신 사업자 신고 세 가지는 해야 한다.

사업자 등록은 사업을 시작한다고 관할 세무서에 신고하는 것이다. 사업자 등록 후 제공받는 사업자등록증은 독립 쇼핑몰을 개설하거나 포털사이트 등에 소호몰로 입점하려면 반드시 필요하다. 쇼핑몰에 사업자등록번호, 사업자 이름, 사업자 주소, 연락처 등을 소비자가 볼 수 있도록 의무적으로 공개하도록 법령으로 정하고 있기 때문이다. 이런 법적인 조항이 아니더라도 인터넷에서의 거래는 신용 거래이기 때문에 사업자 등록을 하지 않으면 소비자의 신뢰를 얻기 어렵다.

소비자 보호를 강화하기 위한 목적으로 인터넷이나 전기통신매체를 수단으로 상품이나 용역을 판매하는 사업자는 의무적으로 통신판매업 신고를 하게 되어 있다. 이는 상품 배송이나 대금 결제 과정에서 약속이 불이행되는 사고를 막기 위한 제도이다. 통신판매업 신고에는 사업자등록증을 구비해야 하므로 사업자 등록을 마친 후에 신고해야 한다. 통신판매업 신고는 사업자 등록과 달리 세무서가 아니라 관할 구청 지역경제과에 신고하며, 면허세를 납부해야 한다. 그러나 간이과세자[2]의 경우에는 이 신고 의무가 제외된다.

부가통신사업이란 전송이라는 기본적인 통신서비스에 컴퓨터의 기능을 결합하여 회선변환, 부호변환, 통신속도 변환, 정보의 축적, 전송, 매체변환, 계산처리, 데이터베이스의 제공 등 향상된 부가가치의 통신서비스를 제공하는 것이다. 부가통신사업자 신고는 주로 법인의 경우에 해당된다.

사업자 등록, 통신판매업 신고, 부가통신사업 등록에 필요한 서류는 표 13-2 와 같다.

표 13-2 쇼핑몰 창업 시 등록 구비서류

구분	서류
사업자 등록	• 사업자등록신청서 1부 • 주민등록등본 1부(개인 사업자) / 법인등기부등본 1부(법인 사업자) • 사업허가증 사본 1부(허가, 등록을 해야 하는 사업의 경우)
통신판매업 신고	• 통신판매업신고서 1부 • 사업자등록증 사본1부 • 신청비용(45,000원) • 도장
부가통신사업 신고	• 부가통신사업신고서 1부 • 사업계획서 1부 • 법인등기부 등본(법인의 경우) • 사업용 주요설비의 내역(설치장소 및 통신망구성도 각 1부) • 이용자의 정보에 관한 보호대책(물리적 정보 보호대책, 개인정보보호대책 각 1부)

② 도메인과 쇼핑몰 구축시스템 확보

• 도메인

인터넷에 연결된 컴퓨터는 고유한 주소를 가지고 있다. 이것을 인터넷 주소(IP address)라고 한다. 인터넷 주소는 외우기도 어렵고 사용도 불편하므로, 이것을 쉬운 영문, 또는 한글로 바꾸어 주는 것을 도메인이라 한다. 보통 홈페이지 주소라고 하는 것이 바로 도메인이다.

인터넷 도메인은 회사 이름만큼 중요하기 때문에 회사와 사업을 잘 표현해야

2 광업, 제조업, 도매업, 부동산매매업, 변호사 등 전문직 사업자들을 제외한 연 매출이 4,800만원 미만인 사업자.

하며 고객들이 알기 쉽고 외우기 쉽게 작명해야 한다. 따라서 효율적인 도메인 등록을 위해서는 쇼핑몰의 운영대상에 따라 혹은 취급하는 상품에 따라 고객들에게 선명하게 인식될 수 있는 도메인을 확보해야 한다. 고객 지향적 측면과 상품 지향적 측면 등을 염두에 두고 작명된 도메인을 살펴보면 표 13-3과 같다.

표 13-3 도메인의 예

고객 지향적 도메인	• http://www.hotel.co.kr: 호텔 예약 • http://www.foodnara.com : 재료별 요리법 • http://www.travel.com : 여행전문
상품 지향적 도메인	• http://www.flower119.co.kr: 꽃배달 서비스 • http://www.watchmall365.com: 시계전문 쇼핑몰 • http://www.toy123.co.kr: 장난감 전문점
회사명을 이용한 도메인	• http://www.interpark.com: 인터파크 • http://www.lotte.com: 롯데닷컴 • http://www.auction.co.kr : 옥션 • http://www.kyobobook.com : 교보문고

도메인은 한국인터넷정보센터를 통해서 등록할 수 있으며, .com 같은 해외 도메인은 미국의 인터닉사를 통해서 등록하거나 국내 도메인 전문 등록 서비스업체를 통해서 등록할 수 있다. 국내 도메인 등록과 해외 도메인 등록에 관한 내용은 표 13-4에 정리되어 있다.

표 13-4 도메인 등록

	국내 도메인	해외 도메인
등록처	한국인터넷정보센터	미국 인터닉
등록명	www.회사명.co.kr	www.회사명.com
등록비	연간 22,000원(VAT 포함)	약 $15 ~ $35
기타	여러 도메인의 동시 등록이 가능함	

• 쇼핑몰 구축 방법

쇼핑몰 구축 방법은 자신이 직접 제작하는 방법과 쇼핑몰 호스팅 서비스를 이용하는 방법으로 나눌 수 있다. 쇼핑몰을 구축하기 위하여 필요한 쇼핑몰 구축시스템은 쇼핑몰을 제작 운영하기 위한 제반 시스템으로 가장 먼저 필요한 컴퓨터 서버를 비롯하여 쇼핑몰 배경화면, 상품등록 화면, 주문/결제관리화면, 게시판 관리화면 등을 포함한다.

쇼핑몰을 직접 제작할 경우에는 사이트 구조를 마음대로 변경하면서 원하는 형태로 만들 수 있다는 장점이 있으나, 쇼핑몰 구축 시스템을 갖추기 위하여 서버를 구매해야 하고 쇼핑몰에 필요한 화면을 생성하기 위해서는 프로그래머나 디자이너 등의 인력을 확보하여야 하는데 이에 대한 비용 지출이 만만치 않고 또한 제작 기간이 길어질 수 있다는 단점이 있다.

한편, 쇼핑몰 호스팅 서비스를 이용할 경우에는 비록 표준화된 서비스를 수용해야 하지만 쇼핑몰 구축에 필요한 모든 시스템이 제공되기 때문에 따로 화면을 개발하는 데 따르는 시간과 비용이 절감된다.

쇼핑몰 호스팅 서비스는 쇼핑몰을 운영할 수 있도록 인터넷 전용선이 연결된 서버의 일정한 공간을 할당하여 사용할 수 있도록 제공하는 서비스인데 이러한 서비스는 호스팅 서비스 업체를 선정하면 모두 지원된다. 호스팅 서비스 업체는 쇼핑몰 구축에 필요한 솔류션 제공에서부터 전자결제에 이르기까지 전자상거래에 필요한 모든 서비스를 제공한다. 이 서비스에 포함되는 기본적인 서비스를 나열해 보면 상품 입력 및 자동 카달로그 생성 기능 제공, 웹 페이지 배치 및 스킨 제공, 회원 또는 고객관리 기능 제공, 주문 및 배송 관리 기능 등이다. 국내의 호스팅 서비스 업체들로는 메이크샵(www.makeshop.co.kr), 와이즈카트(www.wisecart.co.kr), 골든샵(www.goldenshop.biz), 포인트샵(www.pointshop.co.kr), 디어몰(dearmall.biz) 등을 포함하여 다수가 있다.

쇼핑몰을 구축하는 방법은 앞의 두 가지 구축 방법 중 운영 상황에 맞추어 선택하는 것이 좋다. 다만, 소호몰을 구축하고자 할 경우에는 쇼핑몰 호스팅 서비스를 이용하는 것이 경제적, 시간적, 운영 관리 차원에서 바람직하다.

(2) 쇼핑몰 구축 단계

① 쇼핑몰 설계

쇼핑몰의 카테고리가 정해졌으면 이 상품들을 어떻게 진열할 것인가에 대한 방법과 같은 사이트 구조를 정의해야 한다. 즉, 상품 진열 위치에 따른 메뉴 이름, 이벤트나 기획전의 위치, 고객지원 안내방식 등에 대한 기획을 하여야 한다.

쇼핑몰 호스팅을 이용할 때는 기본적인 골격인 메뉴 분류나 사이트맵 설정 등을 완성한 후 로고나 이미지로 제작된 타이틀, 배너, 약도 등은 웹 디자이너에게 의뢰한다.

② 상품사진 및 상품 등록

상품사진은 제조사가 제공하는 카탈로그나 이미지 사진을 이용하는 방법, 소호 쇼핑몰용 상품사진세트를 구입해 직접 촬영하는 방법, 사진 스튜디오에 맡기는 방법으로 크게 나누어지는데, 상품 사진의 선명도나 표현 방법에 따라 고객의 반응이 크게 차이가 나기 때문에 이에 대한 준비를 잘해야 된다. 왜냐하면 쇼핑몰의 특성상 실제로 상품을 보거나 만져 보고 구매할 수 없기 때문에 고객은 상품에 대한 판단을 상품 이미지에 의존할 수밖에 없기 때문이다. 상품사진이 준비가 되었으면 이에 상품 가격과 상품 정보를 포함하여 등록한다.

③ 배송업체 선정

온라인 쇼핑의 최대 장점은 전국 어디서나 주문이 가능하고 상품을 직접 받을 수 있다는 점이다. 쇼핑몰에서 주문이 발생하게 되면 중요한 일 중 하나가 바로 배송이다. 일반적으로 배송은 직접 배송하는 방법과 배송업체에 의뢰하여 배송하는 방법이 있다. 직접 배송할 경우에는 인력이나 규모 면에서 막대한 비용을 초래하므로 아주 고가의 제품을 취급하는 경우가 아니면 배송업체를 선정하여 위임하는 것이 좋다.

배송업체 선정은 가격, 신뢰도, 신속성, 배송시스템 등을 잘 살펴보고 결정해야 한다. 배송업체를 택배사로 선정할 경우에는 직접 배송품을 택배사로 가지고 가야 하는 번거로움 없이 전화 신청이나 인터넷 신청이 가능하여 편리하다. 택배사를 이용하는 경우 가능하면 택배사와 장기적인 계약을 통해 일반요금보다 할인받을 수 있도록 금액 조정을 할 필요가 있다. 이때 고려해야 할 점은 쇼핑몰과 배송업체의 데이터가 연동되도록 하여 고객이 직접 배송 조회를 할 수 있도록 지원되어야 한다.

④ 결제시스템 선정

쇼핑몰의 아이템을 결정하고 판매가 시작되면 고객의 주문에 따라 판매한 상품 대금을 받을 수 있는 결제시스템이 필요하다.

전자상거래에 참여하고자 하는 고객들은 개인의 신용정보가 네트워크상에서 공개될 수 있다는 우려를 느끼게 되면 거래를 중단하는 경향이 있으며 쇼핑몰의 운영자도 주문자와 카드 소유주의 진위 여부를 확인할 수 없다는 우려를 갖게 된다. 따라서 원활한 전자상거래의 수행을 위해서는 지불의 안전을 보장할 수 있는 결제시스템이 요구된다.

일반적으로 인터넷 쇼핑몰에서의 결제는 크게 신용카드, 가상계좌, 전자화폐, 전자지갑, 핸드폰 등을 이용한 지불방법으로 나눌 수 있으나, 여기서는 신용카드 결제 방법과 가상계좌 이용 방법에 대해서만 살펴보기로 한다.

신용카드 결제는 고객이 상품을 주문하고 그 대금을 신용카드로 결제하고자 하면 신용카드 결제에 대한 승인과 보안에 대한 부분을 전자 지불 결제대행사의 시스템에서 처리한다. 처리 과정을 통해 승인 여부를 해당 쇼핑몰에 알려 줌으로써 쇼핑몰에 대금이 지급된 주문으로 입력되면 쇼핑몰에서 상품을 배송한다

지불결제 대행서비스는 결제에 관한 흐름을 대행해 주는 것으로 전자상거래

를 이용하는 소비자와 판매자의 중간에서 안전한 거래가 가능하도록 도와주는 서비스이다. 인터넷 쇼핑몰을 운영하려면 결제시스템을 구축해야 하는데 이 서비스를 이용하면 결제시스템을 구축하는 데 드는 비용과 노력을 절감할 수 있어 효과적이다. 이러한 지불결제 대행시스템은 쇼핑몰 솔루션과 연동시켜야 하므로 쇼핑몰을 구축할 때 쇼핑몰 호스팅 서비스 업체와 이 시스템 사용에 대한 지불조건 등을 사전에 협의해야 한다.

가상계좌란 실제로 통장이 존재하는 계좌가 아니라 입금 확인 절차를 위해 임시적으로 발급되는 계좌이다. 예전에는 고객이 상품 대금을 무통장입금으로 입금할 경우에 누가 어떤 상품 대금을 입금하였는지를 확인하는 데 노력과 시간이 소요되었는데 이러한 불편함을 개선한 결제처리방법으로 등장한 것이 가상계좌이다. 가상계좌 시스템은 통장이 존재하지 않는 가상의 계좌번호를 구매 고객별로 부여하는 것으로 구매자－결제금액－가상계좌가 매칭되도록 구성되어 입금 시 실시간으로 자동 확인되도록 되어 있다. 고객 입장에서는 무통장입금 방식과 동일하게 상품주문 시 발급된 가상계좌에 입금하고, 입금된 금액은 자동으로 운영자의 실제 계좌에 입금된다.

13-4 운영 단계

쇼핑몰 운영은 쇼핑몰 홍보로부터 시작된다. 홍보는 상품 판매를 위한 마케팅 활동이 실질적으로 진행되는 과정이다. 홍보의 특성상 홍보는 쇼핑몰이 운영되는 시점부터 지속적으로 이루어져야 한다. 쇼핑몰 운영은 처음에 쇼핑몰을 알리기 위한 검색엔진 등록을 시작으로 마케팅 전략 수립으로 이어진다. 그리고 쇼핑몰을 방문하는 고객들을 위한 고객지원으로 진행된다.

(1) 검색엔진 등록

사람들의 인터넷 사용 실태를 보면 검색과 이메일 이용이 가장 큰 비중을 차지하고 있으며 이어 전자상거래나 게임 등의 오락성 이용을 하고 있다.

많은 사람들이 자신이 원하는 정보나 상품을 찾기 위해 1차적으로 검색엔진을 통해 검색을 하고 검색 결과를 통해 자신이 원하는 정보나 상품이 있는 페이지로 이동해 가는 것이 일반적인 추세이다. 수많은 인터넷 사용자가 거쳐 가는 검색엔진 사이트는 인터넷 세상의 번화가라고 할 수 있다. 젊은 사람들이 많이 모이는 서울의 신촌 지역이나 압구정동을 비롯하여 대학로 등 유동인구가 많은 지역에 상점을 열면 장사가 잘되는 것처럼, 온라인상에서도 사람이 많이 모이는 곳에 쇼핑몰 광고가 되어야 많은 방문자를 얻을 수 있는 것은 자명하다. 따라서 온라인상의 번화가인 검색엔진 등록을 통해 쇼핑몰을 광고하고자 하는 시도는 가장 기본적이고 필수적인 조치이다.

(2) 마케팅 전략 수립

전자상거래 기업에서 사용하고 있는 마케팅 기법에는 검색엔진마케팅, 이메일마케팅, 제휴마케팅 및 바이러스마케팅 등이 있다. 쇼핑몰의 마케팅을 위해서 이러한 마케팅 기법을 사용하는 것은 기본이겠으나 소호형 쇼핑몰 운영과 같이 소규모 사업을 위해서는 위에 열거한 마케팅 기법 외에도 다음과 같이 다양한 기법이 동원될 수 있는데, 이러한 기법들이 자금력과 인력 규모가 충분하지 않은 입장에서는 오히려 현실적이고 효과가 있을 수도 있다.

① 포털사이트의 커뮤니티를 이용

즉, 쇼핑몰 운영자가 포털사이트에 동호회나 카페를 만들어 놓고 운영하면서 회원들의 관심을 자신의 쇼핑몰로 유도하도록 노력하는 것이다.

② 검색 서비스를 이용

네이버의 지식in 서비스와 같은 지식 검색 서비스에 올라온 질의 중에 자신의 쇼핑몰과 관련될 만한 내용을 골라 이에 적극적으로 대응해 주면서 자신의 쇼핑몰을 간접적으로 홍보하는 것이다.

③ 게시판을 이용

자신의 쇼핑몰 게시판에 고객의 질문과 쇼핑몰의 답변 형식으로 쇼핑몰에 관련된 내용을 홍보하는 것이다.

이상의 방법들은 특별히 비용을 들이지 않고도 홍보가 가능하지만 대중의 시선을 끌기에는 다소 어려운 점이 있기 때문에 적극적인 노력이 병행되어야만 효과를 거둘 수 있다는 점을 인지하고 있어야 한다. 대중의 시선을 끌기 위한 방편으로 소호형 쇼핑몰에서는 이벤트 마케팅을 실시할 수도 있는데 이를 실시할 때는 타 쇼핑몰과 차별화된 모습을 보여 주어야 하기 때문에 비용 부담을 감수해야 한다.

④ 고객 감동을 위한 핸드폰 SMS(Short Message Service) 이용

이는 기존고객을 위한 마케팅 전략으로 보면 된다. 일부 신용카드사의 예를 보면 고객이 신용카드를 사용할 때마다 신용카드 사용처와 금액을 핸드폰 메시지로 알려 준다. 이런 간단한 서비스로 신용카드 분실로 인한 부정사용에 대한 소비자의 불안을 해소시킬 수 있기 때문에 고객은 해당 신용카드에 대하여 더욱 애착을 느끼게 된다. 이와 유사하게 쇼핑몰 운영자도 고객의 주문 내용을 SMS로 재확인시키고 고객의 불평이나 문의에 대해서도 즉각적으로 SMS로 답변해 주면 쇼핑몰에 대한 고객의 친근감과 신뢰도를 높일 수 있다. 이러한 서비스 방법은 현재 기업에서 가장 중요하게 취급되고 있는 고객관계 관리 차원에서 볼 때 상당히 유용하다고 하겠다.

(3) 고객 지원

쇼핑몰의 형태나 이벤트 등이 마음에 들어 방문한 고객이 질문을 할 경우에 이에 대한 반응을 기대할 수 없도록 쇼핑몰이 이루어져 있다면 그 고객은 이 쇼핑몰을 이용하기에 부담을 느끼게 되고 결국에는 다른 쇼핑몰로 떠나게 된다.

고객 지원은 위와 같은 일이 벌어지지 않도록 고객의 요청에 답하고 불만 사항을 접수 처리하여 고객과의 의사소통을 원만히 이루어질 수 있도록 하는 것을 말한다. 고객과의 원활한 의사소통은 쇼핑몰에 대한 신뢰감을 높여 주어 매출에 직·간접적으로 영향을 미치기 때문에 이를 위한 준비는 매우 중요하다.

쇼핑몰에서 고객 지원은 주로 게시판이나 이메일이 활용된다. 게시판 활용에는 많은 사람들이 자주 질문하는 내용에 대한 FAQ(Frequently Asked Question)와 질문과 답변인 Q&A (Question & Answer)가 있다. FAQ는 고객들이 자주 물을 것 같은 예상 질문들에 대하여 미리 답변을 작성해 둠으로써 고객들의 일반적인 의문점을 바로 해소시켜 주는 데 그 목적이 있다. FAQ의 작성 예는 다음과 같다.

- 아이디와 비밀번호를 잊어버렸는데, 어떻게 알 수 있나요?
- 주문내역은 어떻게 확인하나요?
- 배송 상태는 어떻게 확인하나요?.
- 주문취소는 어떻게 할 수 있나요?
- 반품/환불 신청을 하고 싶은데, 어떻게 하나요?

Q&A는 고객의 질문에 대하여 1:1로 답변을 해 주는 것이다. Q&A 게시판에는 질문한 날짜와 답변한 날짜가 나타나는데 답변이 늦어질 경우에는 질문자를 포함한 고객들이 쇼핑몰에 대해 갖는 신뢰감이 감소되므로 관리에 주의를 기울여야 한다. 고객의 질문에 대하여 즉각적인 대응은 불가능하더라도 최소 1일 1회 이상의 관리를 통해 답변 없는 질문이 쌓이는 일은 없도록 해야 한다.

익힘문제

1. 온라인 창업 및 운영 절차를 기술하라.
2. 쇼핑몰 계획 단계에서 해야 하는 일은 무엇인가?
3. 쇼핑몰 설계 단계에서 해야 하는 일은 무엇인가?
4. 쇼핑몰 실행 단계에서 해야 하는 일은 무엇인가?
5. 쇼핑몰 운영 단계에서 해야 하는 일은 무엇인가?
6. 사업자 등록에 필요한 구비 서류에는 어떤 것이 있는가?
7. 쇼핑몰 구축 방법에는 어떤 방법이 있는가?
8. 전자상거래 기업에서 사용하고 있는 마케팅 기법에는 어떤 방법이 있는가?

참고 문헌

김성언, 『인터넷 시대의 디지털 경영』, 비앤엠북스, 2009.
김정식, 『CEO가 만든 사업계획서 작성』, 북넷, 2013.
김찬목 외 11인 역, 『Understanding Business』, 한올출판사, 2003.
문규현·박상철, 『에센스 경영학』, 교보문고, 2010.
박건실, 『경영의 이해와 창업』, 한올출판사, 2011.
박정기·박봉규, 『소상공인 창업론』, 대진, 2007.
방용성·주윤황, 『창업』, 학현사, 2009.
안광호·유창조·전승우, 『Kotler의 마케팅원리』, 피어슨에듀케이션코리아, 2012.
이선영·홍난영, 『대한민국에서 공짜로 창업하기』, 명진출판, 2013.
이우창·허동욱·선명옥, 『소자본 창업 경영론』, 민영사, 2013.
장영광, 정기만, 『생활 속의 경영학』, 신영사, 2007.
장정용, 『창업 선수들은 왜 망하지 않을까?』, 지식공감, 2012.
한길석, 『창업과 기업가 정신』, 비앤엠북스, 2013.
A. Hiam, *Business Innovation for dummies*, Wiley Publishing, Inc., 2010.
C.W. Lamb, J.H. Hair, C. Mcdaniel, *Marketing*, South-Western college Publishing, 1998.
S.E. Portny, *Project management for Dummies*, John Wiley & Sons, Inc., 2013

찾아보기

/ 저 / 자 / 약 / 력 /

■ **김성언**

서울대학교 해양학과(학사)
미국 루이지애나 주립대학교 전산학과(석사)
미국 루이지애나 주립대학교 ISDS(경영학 박사)
한국경영정보학회 이사
한국정보시스템학회 감사
한국의사결정학회 회장 역임
현, 한국산업경영학회 상임이사
현, 한국경영교육학회 상임이사
현, 대구가톨릭대학교 경영정보학과 교수

창업 경영의 이해

2013년 12월 18일 초판 인쇄
2013년 12월 23일 초판 1쇄 발행

저 자 : 김 성 언
발행인 : 정 광 식
발행처 : **비앤엠북스**
서울특별시 금천구 가산디지털1로70 B1-103
등 록 2004. 12. 29. / 제313-2004-00298호
전 화 2627-5710~13, 팩스 2627-5720
홈페이지 www.대학교재.net
이메일 bnmbook@daum.net

가격 20,000원 ISBN 978-89-6821-014-3